全方位运营攻略

NEW MEDIA OPERATION

新媒体运营

杨光◎主编／黄权旺◎著

民主与建设出版社

·北京·

图书在版编目（CIP）数据

全方位运营攻略 . 5, 新媒体运营 / 黄权旺著 . -- 北京 : 民主与建设出版社 , 2020.9

ISBN 978-7-5139-3156-4

Ⅰ . ①全… Ⅱ . ①黄… Ⅲ . ①电子商务－运营②网络营销 Ⅳ . ① F713.365

中国版本图书馆 CIP 数据核字 (2020) 第 152212 号

新媒体运营
XIN MEI TI YUN YING

丛书主编　杨　光
著　　者　黄权旺
责任编辑　刘树民
封面设计　喆　人
出版发行　民主与建设出版社有限责任公司
电　　话　（010）59417747 59419778
社　　址　北京市海淀区西三环中路 10 号望海楼 E 座 7 层
邮　　编　100142
印　　刷　三河市德利印刷有限公司
版　　次　2020 年 9 月第 1 版
印　　次　2020 年 9 月第 1 次印刷
开　　本　880 毫米 ×1230 毫米　1/32
印　　张　6
字　　数　120 千字
书　　号　ISBN 978-7-5139-3156-4
定　　价　198.00 元（全 6 册）

注：如有印、装质量问题，请与出版社联系。

前言

Preface

新媒体是一个宽泛的概念，可以说是利用数字技术、网络技术，通过互联网、宽带局域网、无线通信网、卫星等渠道，以及电脑、手机、数字电视机等终端，向用户提供信息和娱乐服务的传播形态。严格地说，新媒体应该称为数字化新媒体。

我们知道，新媒体的特征包括交互性与即时性，海量性与共享性，多媒体与超文本，个性化与社群化。

2012 年以来，移动化和融合化成为中国新媒体发展与变革的主旋律。在移动互联网和网络融合大势的助推下，中国新媒体用户持续增长，新媒体普及程度进一步提高。新媒体应用不断推陈出新，产业日趋活跃，新媒体的社会化水平日益提升，频频引发热点，受众与媒体之间开展了更多更深层次的互动。所以说，新媒体几乎占据了人类所有的空间。

在这一大背景下，如何做好新媒体运营工作，成为摆在每一位新媒体人面前的一个重要问题。

本书针对这一问题进行了深入的研究和探讨。

全书共分为八章，分别介绍了新媒体运营必知的六大要点，做好内容运营的 4 项原则，做好活动运营的五大秘籍，做好用户运营的六大法则，做好产品运营的七条军规，新媒体文案写作的五项秘诀，新媒体美工设计的四类干货，以及新媒体运营需要躲避的四个雷区。最后，以附录形式详细叙述了如何从零开始为一家企业做全面的新媒体运营方案。

通过本书的讲解，希望大家能够加深对新媒体运营的认识和了解，掌握新媒体运营的各项方法和诀窍。如果能够对各位新媒体运营人员起到一些帮助，将是笔者最大的荣幸。

目录 CONTENTS

03 新媒体活动运营的 5 大秘籍

04 新媒体用户运营的 7 个视角

05 新媒体产品运营的 5 条军规

新媒体文案写作的 5 项秘诀

新媒体美工设计的 4 类干货

新媒体运营要躲避的4个雷区

附　录

01 新媒体，新生态，新机会

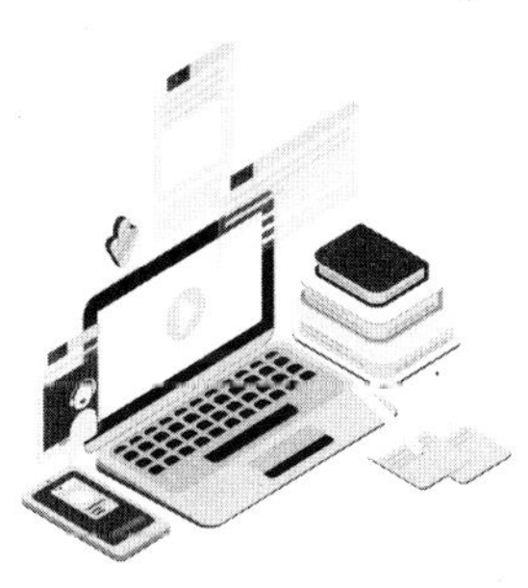

理性把握传播环境的变迁，深入分析移动互联网下半场的特点，校准运营策略的方向；弄清新媒体矩阵的来龙去脉，掌握新媒体生态培育和布局的技巧，并且充分地利用运营新工具，绕过运营的暗坑，全面扫除运营道路上诸多障碍，为新媒体运营奠定扎实的基础。

企业即媒介，平台即生态

新媒体指的是，利用数字技术，通过计算机网络、卫星等渠道，无线通信网，以及手机、电脑、数字电视机等终端，向用户提供信息和服务的传播形态。

从空间角度来说，“新媒体”与当下“传统媒体”是相对应的，特指以无线网络技术和数字压缩技术为支撑，利用其大容量、实时性和交互性，可以跨越地理界线，最终得以实现全球化的媒体。

中文的“新媒体”一词是翻译于英文“New Media”，因此，只有了解了“New Media”一词的来源，才能真正读懂“新媒体”的含义。

“新媒体”一般被认为是作为传播媒介的一个专用术语，是由美国一个叫 P. 戈尔德马克（Peter Carl Goldmark）的人最早提出来的。

作为 LP（留声机唱片）和 EVR（电子录像）的发明者，P. 戈尔德马克还是参与制定彩色电视 NTSC 标准的重要成员，他也曾担任过美国 CBS（哥伦比亚广播公司）技术研究所所长。

在 1967 年，他曾经发表了一份关于开发 EVR 商品的计划，“新媒体”一词首次出现就是在这份计划当中。

此后，在 1969 年，美国传播政策总统特别委员会主席 E. 罗斯托（E.Rostow），向当时的美国总统尼克松提交的报告书中，也多次使用“New Media”（新媒体）一词。从此之后，美国社会便开始流行起“新媒体”一词，直到它逐渐成为全世界的热门话题，成为一种全世界的流行趋势。

新媒体在广义的角度上被分为两大类：一是媒体形态在技术进步的影响下所发生的变革，尤其是基于无线通信技术和网络技术出现的媒体形态，如数字电视、手机终端、IPTV（交互式网络电视）等；二是虽然以前已经存在，但随着人们生活方式的转变，现在才被应用于信息传播的载体，例如楼宇电视、车载电视等。狭义的新媒体仅包括基于技术进步而产生的媒体形态。

新媒体实际上可以被视为新技术的产物，新媒体出现必须具备的条件包括数字化、多媒体、网络等最新技术的发明和广泛应用。媒介传播的形态在新媒体诞生以后发生了翻天覆地的变化，诸如写字楼大屏幕、地铁阅读等，都是在全新的传播空间中对传统媒体的传播内容进行了移植。

这种变化包含以下几项技术的更新。

首先，基于数字化的出现，新媒体的阵营中加入了大量的传统媒体。这一改变传播方式的数字化，同时也是内容存储的数字化，主要表现为媒体的技术变革，也使媒介的传播效率得到了大幅度的提升。

其次，新技术的诞生使得媒介形态呈现出多样化趋势，在网络广播、网络电视、电子阅读器等新的媒介平台上，均对传统媒体的内容进行了一定程度的移植。

新媒体的概念可以从以下四个层面来理解（如图 1-1）。

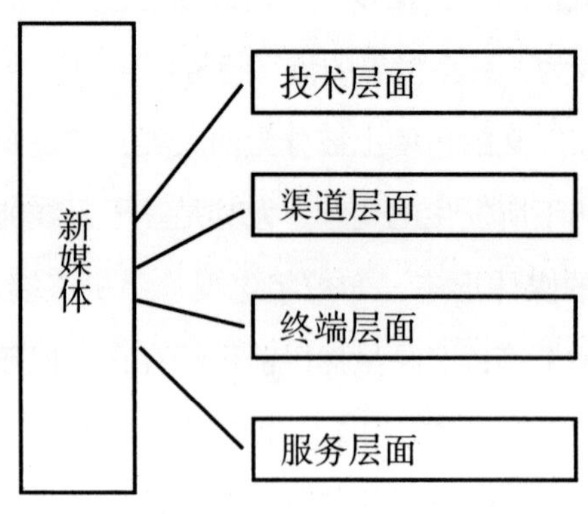

图 1-1　新媒体的四个层面

一是利用数字技术、网络技术和移动通信技术反映出来的技术层面；

二是通过互联网、宽带局域网、无线通信网和卫星等反映出来渠道层面；

三是以电视、电脑和手机等作为主要输出终端的终端层面；

四是向用户提供视频、音频、语音数据服务、连线游戏、远程教育等集成信息和娱乐服务的服务层面。

新媒体以数字技术为代表，打破了媒介之间的壁垒，消融了媒体介质之间，地域、行政之间，甚至传播者与接受者之间的边界。

新媒体利用其交互性极强的网络介质独特性，使信息传播者与接受者的关系变得平等，受众不再单纯被动地接收媒体信息，而是与新媒体在互动的过程中让自己的声音影响到更多的传播者。

新媒体产业不仅会呈现爆炸性成长，另一方面也会造成内向“崩溃”的效果，即所有的企业都会投向同一个市场，也就很容易说明了每个企业都在谈论跨界，都在开通自己的媒体平台，尝试从互联网中找到存在的位置。

互联网将会以内容为本体通过服务展开融入大众的生活和市场当中，这就意味着互联网的变革将会更加深刻，内容的作用更加重要，内容是为市场服务的，也是为了服务而服务。随着消费升级，个性化的体验需求会更加强烈，新媒体的模式将会以市场为导向以服务为中心形成雏形，互联网的运营策略需要以这种趋势为基础，建立开放的运营思路。

由此可见，在新媒体产业研究上，国内外研究侧重点有别，国内关注新媒体如何服务于市场，满足人民日益增长的各方面需求，而国外的研究重点集中在新媒体产业所关注的技术角度，即媒介融合的研究上。

有人总结了美国存在的五种媒介融合，分别为“所有权融合、策略性融合、结构性融合、信息采集融合、新闻表达融合”，即“组织融合—资本融合—传播手段融合—媒介形态的融合”，这种媒介有可能融合了几种，甚至全部媒体的优点，也即是融合了传统媒体、网络媒体、新媒体和新媒体。实际上，新媒体产业所描述的产业深度融合是媒介技术、生产形态和终端融合后更深层次的信息产业各个领域的融合。

可以设想，现在每一个出色的公司都将会是一个媒介平台，拥有自己的麦克风，企业即媒介，平台即生态，每个企业都需要有自己的内容生产团队，根据市场的风向制定个性化的运营方案和传播策略，这种情形目前已经日趋涌现，万达集团就是其中的佼佼者。

2016年3月，万达集团为了实现科学、有效的新媒体投放，万达文旅项目管理中心调研了主流新闻客户端、地方网络平台、社交媒体、视频平台、BAT及DSP平台等九大新媒体投放渠道，其他新媒体（VR等），基本做到了全网覆盖。在这些矩阵中，其中有腾讯广告平台的多个产品矩阵，如广点通、智汇推、朋友圈，其中明显推广产品非“智汇推”莫属，备受市场青睐。

也就是说，万达集团所有业务要向新媒体转变，加强新媒体在项目营销推广工作中的比重要求，他们还制作《2016年新媒体投放蓝皮书》，全面解读市场主流新媒体投放渠道，这份蓝皮书成为业内的宝典，从一定程度上影响着广告投放的生态，也促成了新媒体矩阵的形成。

其中提到，增加新媒体在项目营销推广中的比重，新媒体推广费用达到媒体推广费用的70%以上。互联网广告投放价格偏低，各类平台化广告、移动端广告精准可控，让更多的传统企业看到了广告投放的更多可能性……这不仅仅是媒介投放策略，也是战略调整，更是媒体界势不可挡的转型与趋势，不知道大家是否看懂了？

此外，万达新媒体日益走向新媒体矩阵方向。2016年9月，正值合肥万达城盛大开业，一场颠覆新媒体生态的峰会在这里隆重召开。包括企鹅新媒体平台、新浪新媒体平台、搜狐新媒体平台、网易新媒体平台在内的六大新媒体平台大佬，100 位新媒体大咖亲临，见证一个覆盖 1.5 亿粉丝的联盟诞生。

万达集团旗下公司 600 家新媒体集体入驻企鹅号等六大新媒体平台，同时万达等 9 家企业共同发表《企业新媒体合肥宣言》。这标志着万达新媒体传播进入新阶段，由自身能力建设为主向着社会化整合、平台化应用的新模式发展，将对企业与新媒体生态产生重要而积极的影响，这也预示着大企业正在朝着新媒体矩阵的方向布局。

据介绍，万达集团各系统的超过 600 个自有微信公众号、官方微博和外部首批 100 家新媒体组成，总粉丝量达到 1.5 亿，万达新媒体联盟实行平台化运作，联盟成员全部入驻线上平台，平台将通过传播大数据挖掘、粉丝画像绘制和传播路径监测等技术，实现内容和新媒体大号的精准匹配传播。

我们对 1.5 亿这个数字非常感兴趣，可以说 1.5 亿的总粉丝量相当可观，这也是新媒体矩阵的一个特征，媒体之大不仅仅是企业大联盟，更重要的是粉丝众多体量大，试问现在有几个企业的新媒体平台有这么多粉丝？

我们再回到联盟平台的探讨，这也是新媒体矩阵的一个碉堡。在集结万达集团各系统和公司传播投放需求的同时，联盟平台也将逐步向社会和企业开放，不断增加、丰富企业和新媒体供需资源，使更多的新媒体，尤其是中小新媒体有更多机会参与投放资源分配，建立可持续的内容商业化发展模式，从而实现新媒体生态重构。

换言之，万达正在宣扬一种崭新的传播概念，实践一种全新的传播方式，可以这样认为，在新媒体的潮流下，资源即背景，内容即手段，传播即营销，企业即媒介，平台即生态。

传播学家麦克卢汉认为，媒介即讯息，媒介是人的延伸，媒介是社会发展的基本动力，每一种新的媒介的产生，都开创了人类感知和认识世界的方式，在传播中的变革改变了人类的感官，改变了人与人之间的关系，并且会开创出新的社会行为类型。

从这个意义来看，无论是万达自建媒介联盟还是打造自身新媒体平台，本质上都是人的延伸。人需求资讯，需要营销产品创造利润，从这个意义来说，新媒体布局是人的延伸，也是营销的延伸，恰好满足了以上的需求。

新媒体运营 PK 传统媒体运营

大多数企业新媒体运营之所以不理想，源于他们依然在用传统思维运营新媒体。传统企业想要做好新媒体，首先需要的是思维上的转变。传统营销方式和新媒体营销方式有很大的差别，只有真正从思维上意识到这些差别，并对其进行理解和接受，传统企业才有可能在新媒体运营上大展身手。

通常来讲，传统营销方式有以下五个弊端（如图 1-2

所示）：

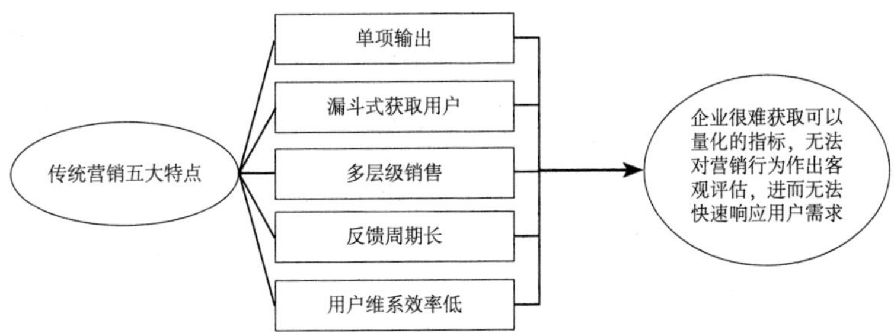

图 1-2　传统营销方式的五个弊端

1. 单向输出

无论是报纸、杂志、广播，还是电视、户外广告，传统营销都只能做到单向输出，这种缺少实时互动的“自说自话”，如“王婆卖瓜”一样难以让消费者信任。消费者无法参与其中，很难激发购买冲动。而且渠道的数据是不透明的，很难监测投放之后的效果，价格也巨贵无比，企业知道广告是被浪费了，但是很难知道浪费在哪里。

2. 漏斗式获取用户

传统营销思路是撒大网，捕大鱼。常言说“有枣没枣打一竿子”，就是让更多人知道、了解你的品牌，再从中获取有需求的消费者。这个过程犹如大浪淘沙，很像漏斗的方式，扩展面大，而最终漏下来的是极少的一部分。因此传统营销在品牌广告制作方面很下功夫，比如广告的立意，定位的准确与否，是否请大牌公众人物加盟，广告宣传语够不够响亮等等，都是需要考虑的内容。

最近，传统企业为了提高广告转化率，开始更加垂直化地投放广告。面向相对精准的人群投放广告，用户转化率就会越高，但其整体营销思路仍然是单向输出品牌形象，漏斗式获取正式用户。

3. 多层级销售

传统销售方式并非直接面对用户，而是通过多层级的销售网络销售商品。很多品牌产品都有代理商，全国代理，省级代理，地区级代理商。例如汽车销售是通过全国各地的经销商网络来出售的，用户直接面对的是汽车经销商，而不是生产企业，企业在这个过程中只起到培训和考察经销商销售流程与服务的作用。

4. 反馈周期长

用户购买行为发生后，由经销商保存用户信息，企业无法准确获取用户反馈。即使获取了反馈，整个反馈周期也很长，企业根本无法根据用户反馈做出快速调整。传统企业的产品研发虽然会做一些市场调研，但用户基本不会参与到产品研发的具体过程中。

5. 用户维系效率低

企业与用户的延续性交互少，用户的忠诚度几乎完全依赖产品质量和售后服务。

新媒体之所以“新”，是因为新媒体开启了一种不同于以往任何媒体的新的运营逻辑，新兴企业运用微信公众号等新媒体营销更为得心应手，传统企业要做好新媒体营销，要彻底改变新媒体的营销思维，从新媒体端的用户需求和用户价值出发，进而实现传统商业运营思维的整体转变。

相比传统营销方式，新媒体营销的具有五大鲜明特点（如图 1-3 所示）：

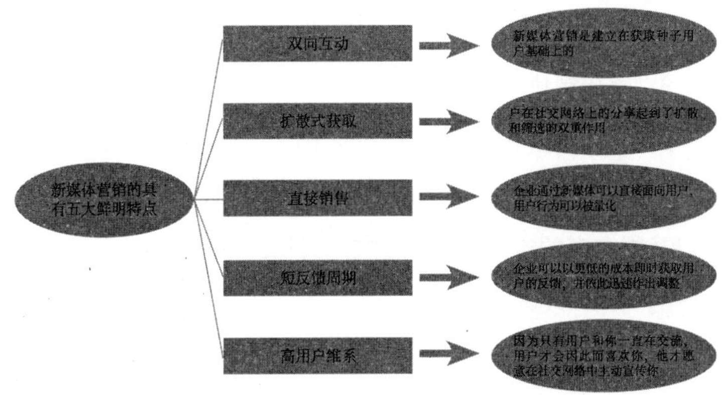

图 1-3　新媒体营销方式的五个特点

1. 双向互动

基于移动互联网的营销，不但可以让传播方和接受方实时进行双向互动，及时获得反馈，数据也是可视化的。企业可以清晰地知道触到了多少用户，带来了多少转发和扩散，传播时间线和传播量是怎样。

2. 扩散式获取

互联网时代，每一个用户都可以被看作社交网络中的一个节点，而这个节点又可以通过各种形式成功链接到更多的节点。如果从这种角度来看，理论上如果企业传递的信息能够引起一个用户的兴趣，那么该信息就会被用户分享到其社交网络中去，从而吸引更多对该信息感兴趣的用户。所谓“物以类聚、人以群分”，通常围绕在一个人周围的朋友更容易对相同的人和事引发情感共鸣，而在这个同样对这个消息感兴趣的人群中，又会有部分人选择做二次分享，这样，这个消息就会吸引到更多对其有兴趣的用户，以此类推，不断自发扩散。因此，用户在社交网络上的分享起到了扩散和筛选的双重作用。

3. 直接销售

企业通过新媒体可以直接面向用户，用户行为可以被量化。借助新媒体，企业可以在营销的任何阶段都得到分享率、转化率以及留存率的实时获取情况，同时在此基础上快速进行营销方案的优化和改进。

4. 短反馈周期

移动社交的最大特点就是可以帮助企业实现和用户的即时交互，而这也同样意味着企业取得用户反馈的成本可以得到大幅度的大降低，并随时根据客户意见进行相应方案的调整。另一方面，这种与用户的即使交互可以应用到企业运营的整个流程中去，甚至于产品的设计工作用户都可以间接性地参与进来，而这种参与感无疑会使得用户的品牌自豪感得到最大程度的提升，从而使得用户在产品宣传上更加主动、卖力。

5. 用户维系度高

新媒体一改传统营销中的高高在上的、冷冰冰的、单向强迫式输出的角色，而是向平等的、亲和的、双向沟通式的新媒体营销角色转变。用户通常更愿意自发为一直和自己有着交流活动的企业和产品进行宣传，同时，不定时的交流也会使得客户在产品质量和售后服务都给定的条件下对企业和产品的好感度以及忠诚度得到提高。

新媒体运营的 5 个特点

新媒体运营，指的是利用微信、微博、贴吧等新兴媒体平台工具，通过现代化移动互联网手段，进行产品宣传、运营、推广等一系列运营手段。通过对品牌的优质内容，以及高度传播性的内容进行策划，并开展线上活动。为提高客户的参与度，向客户广泛或者精准推送消息，充分利用粉丝经济，从而提高品牌知名度。

媒体作为传承人类文明、推动社会经济发展的重要手段，拉近了人与事物之间的距离，广泛拓展了人际交流领域。新媒体在科技快速发展的背景下，以一种新生媒体的形态，以它的开放、真实、无处不在和英勇表达，展现出雨后春笋般的速度，对传统媒体（报刊、电视、广播等）的信息垄断情况进行了遏制。

据相关数据显示：如果想让一种传播媒体达到 5000 万人的普及率，收音机需要用 38 年，电视需要用 13 年，互联网需要用 4 年，而微博只需要用 14 个月，惊人的数字对比显示出了新媒体的发展速度。

新媒体基于它的草根特性，在短时间内迅速吸引大量受众，让“人人都是新闻传播者”这句口号得以实现。

新媒体在这种特性下，让人们的思想观念甚至是生活方式渐渐得到了改变。这种新的方式也让社会一些新的领域得以开启，让一些长期“保持沉默”的草根群体的表达欲望得以激发，对他们亲自参与社会进程的诉求和权力欲望得到了唤醒。这些草根成为新媒体能够迅速崛起的重要力量，也对社会进步起到了良好的推动作用。

如今，互联网新媒体运营已经成近年来十分普及和流行的运营方式，相对于传统报刊、电视、广播媒体而言，新媒体主要是基于移动新媒体运营的新传播形态。

即使和传统媒体在传播形式上有很大的差异，但它们还是有这个共同的本质，即主要针对的对象还是媒体。只不过新媒体的传播形式更多样化，包括了文字、图片、视频、语音等形式。

新媒体运营工作主要是利用微信、微博、贴吧等新兴媒体平台和工具，通过现代化的新媒体运营手段，对产品进行宣传、推广和运营等一系列运营手段。

一名优秀的新媒体运营人员一般具有以下特质：懂产品、有网感、懂用户、懂传播、善于整合。

如果想要掌握新媒体运营的特点，我们必须对新媒体进行充分的了解，才能很好地利用新媒体。新媒体运营主要有以下五个重要特点（如图 1-4）。

1. 双向化的传播方式

传统媒体信息传播的方式具有单向、线性、不可选择的重

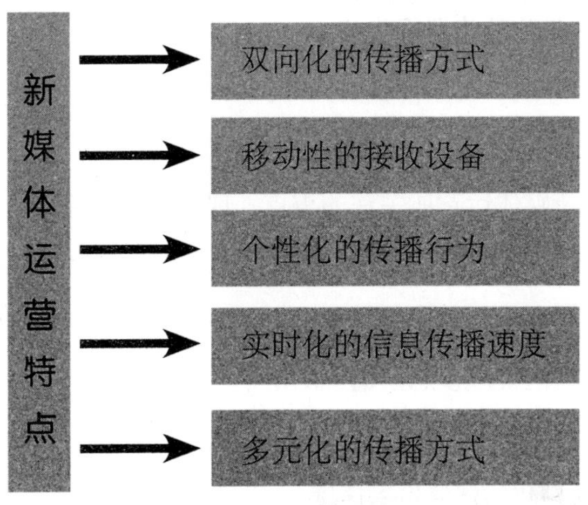

图 1-4　新媒体运营的特点

要特征。无论是信息的发布，还是信息的接收，都规定在特定时间内，显得尤为被动，也缺少信息的反馈。这种静态的传播由于信息流畅性弱，因此得不到很好的传播效果。新媒体出现后，传播方式由之前单向的改为双向的，每个受众既是信息的接收者也可以是信息的传播者，具有良好的互动性，带来很好的传播效果。

2. 移动性的接收设备

企业的运营依靠移动技术的发展，不再局限于台式电脑。新媒体的运营主要是针对移动设备，用户接收企业发布信息的方式都是依靠移动设备。这就需要企业根据移动设备的展示效果来设计内容，以达到最优质的浏览状态。当企业发布的任何信息都可以被用户随时随地接收时，用户对企业信息的反馈也能被企业更及时地处理。

3. 个性化的传播行为

如今在个性化的体现上，微博、微信、博客、播客等新型的传播方式都已经十分成熟，效果也很可观，因此个性化传播应该作为新媒体运营所关注的重点。现在每个人都可以利用新媒体的特性，按照自己的喜好，成为内容的发布者和传播者。

企业在进行新媒体运营时也应该充分考虑用户对个性化的需求，以此汇聚更多志同道合的用户，并且发展这些用户成为企业信息的二次传播者。

4. 实时化的信息传播速度

新媒体的信息传播速度已经可以实现到，信息几乎在发出去的同时，就能被用户看到，这一现象充分体现在微信的朋友圈功能中。

企业想要采用新媒体对信息进行传播，可以利用好信息传播速度实时化的特点，通过新媒体，及时将用户想要了解和掌握的信息发布出去，同时也能更快地接到用户的反馈。

企业在做线上活动、市场调研或是与用户互动等行为中，都可以利用新媒体的这一特性。

5. 多元化的传播方式

相对于传统媒体，新媒体在进行信息传播时有着更加多元化的传播方式，可以结合文字、图片、声音、视频等多种行式于一体，让用户对内容的体验更加真实。同时，信息的内容量和信息的广度通过传播内容的多元化也得以提高。

新媒体运营的布局与培育

新媒体兴起的缘由有三：环境因素、传播因素、营销因素。

一是媒介环境改变，受众注意力分散。也就是说，步入了移动互联网时代，人们捧着手机读屏成为主流的媒介方式，人们的注意力已经逐渐远离了传统的电视、报刊和广播，这是时代不可逆转的潮流，也可以说，技术改变了媒介环境，媒介环境不是一成不变的。

二是传播方式改变。在当今，传统媒体要竞争，广告新闻化是一个显而易见的情况，甚至发展到“悬念广告”，即广告悬念化，传统纸媒刊登广告，不是直接用广告语加图片，而是明摆给你一个悬念，激发你去找到谁投放了广告，大家觉得很新奇，纷纷拍照上传到微信朋友圈或者微博上，激起大众探索的热情，当然有时也玩过火，违背基本的风俗良俗被监管部门警告。

三是营销早已进入了新阶段。新媒体生态下的营销方式、他们的广告投放与运营策略也将会随之发展。新媒体的触角衍生到各行各业，就像大森林里的参天大树，根系复杂，遍布在地层深处，不断地吮吸着水分，与一切有关的事物建立关系。

由于公众认知宽带日益拓宽，需要企业提供专业、高效、及时和互动，娱乐化的信息，保持曝光量；大企业大品牌曝光量，相当于当年遍地开花的传统媒体广告投放。随着社会化媒体平台崛起，为品牌推广提供便利，也为企业营销做了最基础的工作。对于品牌营销来说，这是最好的时代也是最坏的时代。

当今六大新媒体平台是继微信公众号之后新崛起的内容分发平台，对于企业宣传和品牌推广同样重要。这六大平台分别为（如图 1-5）：

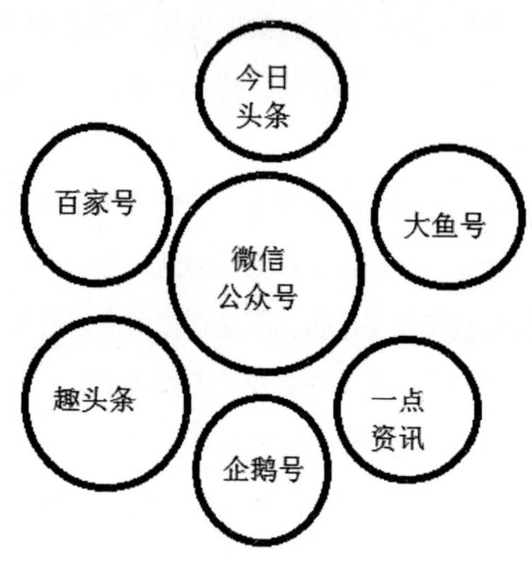

图 1-5　自媒体矩阵的七大平台

1. 今日头条

优点：平台流量大、易申请、粉丝少也可获得高流量。

2. 百家号

优点：推荐百度首页、百度新闻源、作者分成。

3. 企鹅号

优点：多平台（腾讯新闻、天天快报、手机腾讯网、QQ

浏览器、腾讯新闻插件、手机 QQ 新闻插件、QQ 公众号）一键分发与推荐。

4. 大鱼号

优点：内容垂直度高，粉丝精准。

5. 趣头条

优点：门槛低，对于新手要求不高。

6. 一点资讯

优点：平台流量大，粉丝少也可获得高流量。

由此可见，社会化媒体平台崛起，为营销探索提供了舞台。

一是新媒体是企业品牌传播和社会化营销的重要渠道，他们探索建立互利共赢的全新合作模式。

二是探索建立平台化新媒体商业模式，与广大新媒体在信息共享、资金投入和传播创新等方面深化合作，提供更多的企业和新媒体供需资源，促进新媒体行业发展。

三是建立和完善企业间新媒体的协同发展机制，形成资源合力，共同提升企业新媒体应用的整体能力和水平，传播正能量，相得益彰。

笔者曾经为某个项目做新媒体生态布局的方案。这个项目是一个研究项目，旨在从媒体的视角、从文本的重构来观察目标城市近年来的政策沿革、经济发展和城市进步，一方面通过采集全球媒体报道，来分析全球主流媒体对城市的关注程度和关注角度变迁；另一方面，通过对报道文本挖掘识别被重点关注的企业、人物、机构等信息，经过科学分析研究，为城市治理者提供参考。

笔者提出了培育新媒体矩阵，以此发力抢占舆论高地，构建强大的媒体发声渠道。

理所当然，新媒体生态培育也涉及内容策划，不仅是微信公众号还包括外部平台的内容与形式，需要借助社会化媒体营销进行网络推广。也就是说，目前微信公众号推广需要以有特色的内容与有趣的创意全网发力。

广泛布局新媒体生态，前期目的主要是大规模曝光品牌，让受众都知道有这么一个项目，后期持续深耕优质与专业的内容，通过不断产出内容，慢慢做出影响力。内容生产方面，不是就事论事，而是相互交融，结合财经，政经，历史等内容聊开。

在平台上，比如音频平台、视频平台、短视频平台、问答平台、新媒体微信公众号平台和写作平台上等等都要有所涉及，组成强大的传播矩阵，形成一个媒体生态，通过内容、形式与创意来整，坚持下来就可以见到曝光量与影响力。

然后争取做出几次影响力大的文章与创意来引爆，再结合一些新闻营销，与高端媒体合作推出品牌，因为这些传统纸媒的读者群就是政商界，高度精准吻合。

值得指出的是，一旦新媒体矩阵建立后，粉丝会累积起来的，将来全网平台成生态后，粉丝数会上升到几十万上百万的，不只局限于微信微信公众号的增粉，因为微信红利期已过，增粉不容易，单一的平台很难做出影响力，所以将视野拓展到新媒体矩阵。

实际上目的是一样的，做大曝光量，做出影响力，让客户感兴趣，促成客户交易。经过运营一段时间后，会逐步发现哪些平台哪些渠道效果明显，受众活跃，然后总结经验得失侧重发力。

当然，新媒体生态布局与大规模分不开，比如大内容、大联盟，大平台，大矩阵，大流量，大团队等，但说到头还是以内容为主，高效和持续地提供优质内容（包括内容策划与营销、活动方案创意与执行），将会成为新媒体运营最大的核心竞争力，考验着内容生产能力。

没有建立起新媒体布局的企业必将营销乏力，同样没有内容的品牌是没有生存力的。因此，对于新媒体步布局，需要全网布局，重点运营，有的放矢；结合产品和服务来构建新媒体矩阵布局。

战术上需要精兵强将，哪怕前期效果不太理想，从长期来看在优质内容上必须舍得大投入。

新媒体生态布局需要结合下线布局，新零售持续发力，让品牌大面积曝光，让新媒体运营带动品牌联动，走出新媒体运作的特色。

新媒体运营必经的 3 个阶段

新媒体的演进历程根据使用主体及受众群体的变化，大致可以分为这几个阶段：精英媒体阶段、大众媒体阶段以及个人媒体阶段（如图 1-6）。

图 1-6　新媒体演进的 3 个阶段

1. 精英媒体阶段

在新媒体诞生之初，由于其具有一定的门槛，因此能有机会接触新媒体的群体数量很少，更不用说用新媒体传播信息。

这个时期采用新媒体的大部分为媒介领域的专业人士，他们一般都处于较高的社会阶层，具有很高的文化素养，因此这一时期又被称为精英媒体阶段。

在 17 世纪的法国，最早出现了“精英”一词。特指在智力、性格、能力、财产等诸多方面都十分卓越的，经过社会精挑细选出来的优秀人物，他们在社会发展中起到了很好的推动作用。

那些最早使用新媒体的受众群体，大多属于少数派团体，掌握着更为丰富和先进的媒介资源，也具有十分前卫的媒介传播意识，因此他们也是新媒体最先受益的那群人。

2. 大众媒体阶段

新媒体在经过大规模发展和普及后，进入了大众媒体阶段。如今，我们几乎无论身处在世界上任何一个角落，都可以通过新媒体，接收和传递知识和信息，新媒体已经成为大多数普通人生活中的一部分。

媒介技术的进步，也带来了传播成本的下降，这是精英媒体向大众媒体发展的一个重要原因。传播成本更为低廉，传播方式更为便捷，传播内容更为丰富，这使新媒体在成为大众媒体后，迅速改变了人们对媒介本质的理解，以及人们的生活方式。

3. 个人媒体阶段

在过去，一些具备媒介特长的个体，也随着新媒体技术的不断发展及普及，开始占据媒体资源和平台，逐渐通过网络来发表自己的言论和观点，个人平台的逐渐增多，以及个人信息展示分享行为的增加，标志着新媒体进入了个人媒体阶段。

在新媒体运营的发展中，主要经历了下面几个阶段。

第一阶段：在 2000 年及以前，新媒体运营的侧重点是用户运营，重点做到与用户不断地沟通产品体验并保持联系。这个阶段被称为用户运营阶段。

第二阶段：在 2000—2005 年间，新媒体的侧重点就在于产品运营，主要工作是围绕新品研发、及时与客户沟通反馈、现有产品的更新优化等一系列围绕产品所开展的工作，目的是给客户提供更好的产品和服务。这个阶段被称为产品运营阶段。

第三阶段：在2005—2012年间，这个阶段新媒体运营以设计具有创意性的活动为主，为了给公司网站带来流量（由于微信公众号正式出现是2012年8月以后，因此这个时期还是以网站为主要平台），而开展了一系列线上线下的活动，并保证活动的执行过程及效果。这个阶段被称为活动运营阶段。

第四阶段：在2012—2019年间，这个阶段新媒体运营的主要工作涵盖面更广，内容更加丰富和多元化，出现了一些为分析用户喜好，撰写具有吸引力的标题（标题党呼之欲出），对文案内容进行走心的设计，加工制作优质的短视频，以及图片及H5的精心设计。这个阶段被称为内容运营阶段。

虽然这四个阶段与四大基础模块并不能完全相互对应，但有一点值得肯定的是，这四个模块互相联系十分紧密，缺一不可。很多的公司和机构专门设立了单独部门，来开展新媒体工作，这体现了这个市场环境对新媒体运营的重视程度。即使在如今还存在传统的网络推广方式，但很显然那种方式与新媒体运营带来的流量无法比拟，因此，新媒体运营将会成为大势所趋。

02 新媒体内容运营的 4 项原则

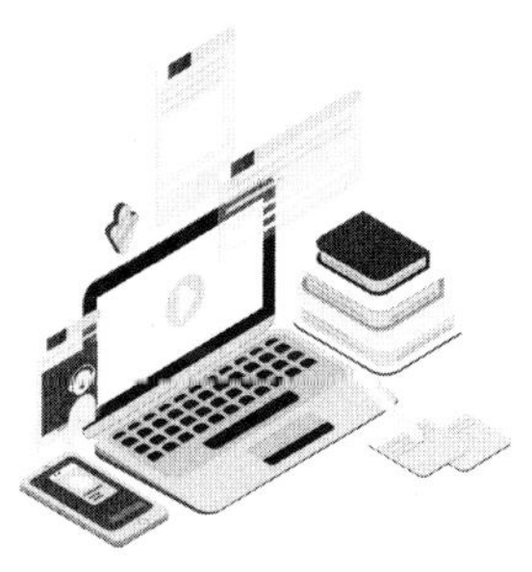

毫不夸张地说，所有新媒体运营几乎可以归集于内容运营，无论是传统媒体还是新媒体，无论是“大号”还是“小号”，“内容为王”的铁律依然有效。因此在新媒体运营中，需要找到内容运营的核心在哪里，如何通过内容运营取得市场的主动权，以及如何通过内容增加黏性。

原则 1：明确内容运营的具体职责

运营者通过新媒体的渠道，采取图文或者视频的方式，把企业的信息完整地呈现在用户面前，并且能够激发用户参与其中，分享或传播的一整个运营过程，我们称之为内容运营。

数字新媒体的出现，让广告变得越来越难以界定，许多业内人士觉得传统大众媒体会和网络、移动以及社交媒体逐渐融合在一起，诞生出一种能够更加精确地吸引目标顾客群体的个性化互动方式。

越来越多的公司比如阿里巴巴、腾讯、宝尊等当下都抓住了这个转机，许多中小品牌公司也开始采取“内容运营”的方式，也就是创造及散播大量令人信服的信息来吸引顾客，通过建立品牌与顾客之间的联系，从而最终促使他们购买产品。

品牌要想适应当下数字媒体以及社交媒体的发展，需要与顾客保持对话，在传统平台与数字平台上，都要持续产出新鲜的内容给顾客。其实不管采取怎样的沟通渠道，能够最大限度地沟通品牌信息和强化顾客品牌体验方式才是关键。

有一种就是在 ugc 社区里，把用户产出的高质量内容，通过一系列编辑、整合以及优化等方式对其进行加工，再辅以其他手段进行传播。这跟用户运营往往是相辅相成的。

比如，你在知乎回答了问题，你的回答非常的精彩，那么就会有人将你的答案与别人的答案整理在一起，通过微博、日报或者周刊这些方式进行传播，这就是一种以内容为中心的运营方式。

还有一种就是一些媒体产品，例如澎湃新闻、钛媒体以及 36kr 这些媒体，同样也是以优秀的内容作为核心来运营的，与上面说的那种最大的不同，就是需要自己采编、整理、撰写，里面的内容不一定都来自于用户。

内容运营的主要职责就是创造、分享以及展示运营内容（如图 2-1），展示的内容中就包括他们自己的，当然也有消费者和其他人员创造的。

图 2-1　内容运营的主要职责

内容运营提出了一种不同于传统媒体的分析框架，主要划分方法是根据创作者以及它是如何创作、控制和传播运营内容来划分的。

根据这种新的分类框架，主要分出了 4 种媒体类型，它们分别是付费媒体、自有媒体、赢得媒体和分享媒体（POSE）。

付费媒体，英文专业名词为 paid media，是一种运营者需要付费才能使用的媒体渠道，传统媒体中的电视、广播、平面以及户外广告，还有数字媒体中的付费搜索广告、网页及社交媒体展示广告、移动广告以及电子邮件运营，再加上网络，这些都属于付费媒体。

自有媒体，英文专业名词为 owned media，通常指的是由公司自己所有并管理的媒体渠道，公司网站、博客、官方社交媒体账号、品牌社群、运营人员、促销活动等，这些都属于自有媒体。

免费媒体，专业名词写作 earned media，是一种基于公共关系的媒体渠道，运营者完全不需要为此付费或进行控制，观众、读者以及用户会基于兴趣为其注入内容。主要有电视、报纸、博客、视频网站等。

分享媒体，英文的专业名词为 shared media，主要指的是在消费者之间传播的媒体。比如社交媒体、博客、移动媒体、病毒式营销以及传统的消费者口碑等，这些都属于分享媒体。

原则 2：做好内容运营的 5 个要点

一个优秀的新媒体内容运营，必须做好以下 5 个要点（如图 2-2）。

1. 了解所在行业

行业垂直度越高，读者也就会越挑剔，对内容的专业程度要求也就要更高。因此，当运营者要涉及一个全新的垂直领域时，第 1 步要做的就是快速了解。了解所在行业的最快途径有两种，一种是逛垂直论坛，另一种是关注领域大号。

垂直论坛最大的优点是可以提供足够专业的内容。例如运营者要做的是汽车之类的新媒体的时候，每天要做的就是逛逛

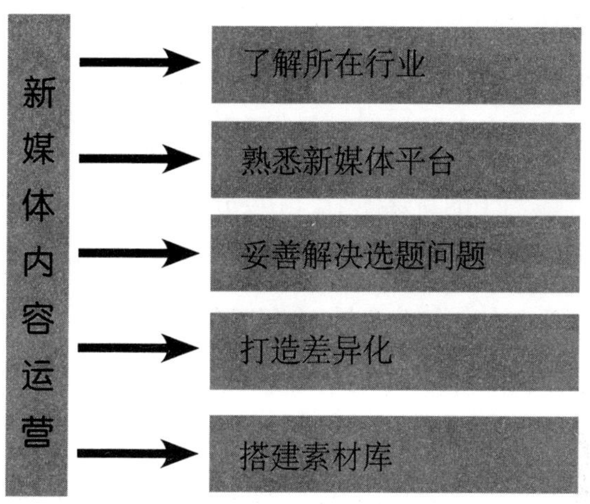

图 2-2　内容运营的 5 个要点

汽车之家、易车、爱卡汽车这些论坛，看看其中有什么热门话题，以及关注度高的帖子都是些什么内容，还有就是论坛的车友都会讨论些什么。

除了关注垂直论坛，运营者还要密切注意那些领域大号。大号之所以能成为大号，一定有其独到之处。

现在互联网上一切数据都公开化，想要快速了解一个大号非常简单，通过平台的榜单功能，筛选出那些与所要运营的号重合度非常高的大号。重合度要从两个方面考虑，一是用户重合度，二是内容重合度。接下来就是获取大号历史记录三个月之内的文章，最后慢慢分析出选题方向以及用户的喜好。

当然，不能只是一天天地混论坛、看大号，这样对运营的理解只能停留在表面上。在做这些事的时候，要带着问题和思考，以学习的态度去做，最后还要有所总结，不然一切也只是在做无用功罢了。

2. 熟悉新媒体平台

对行业有了一定的了解之后，运营者就需要了解所在的新媒体平台了。当下的新媒体平台主要分为两类，一类是主流媒体平台，另一类是垂直媒体平台。

众人所熟知的微信公众号、今日头条、大鱼号、一点资讯等，都是属于主流媒体平台的。虽然这些新媒体平台都各有优点与缺点，但考虑到要将流量最大化，所以都要有所布局。

当然，除了主流媒体平台之外，也不能忽视了垂直媒体平台里的种子粉丝。为什么称他们为种子粉丝呢？因为这些平台的粉丝能做到非常精确，还能保持较高的忠诚度。因此被称为种子粉丝。

那么垂直媒体平台具体指的是什么呢？

比如说，要做一个关于汽车的新媒体账号，那就一定要了解车家号与易车号，因为它们分别是汽车之家和易车网旗下的新媒体平台。而如果要做一个电商的新媒体账号，那么相应地就要去了解淘宝号、什么值得买、小红书之类的平台。

那么到了这里，运营者就要思考一下，自己当下的工作需要去了解哪些媒体平台。

3. 妥善解决选题问题

很多新媒体在开始运营的时候，都抱怨选题难找。接下来就有三个方法可以解决选题的问题。关于内容的选题主要有三大来源，一自身定位，二竞争对手，三用户需求。

自身定位指的就是要在账号定位的垂直领域中挖掘出选题，选题的内容要保证和平台的定位相符合，切记不要盲目跟风。

因此，当一个公众号的定位是健身教学时，就需要保持对健身知识的分享，不能每天总推一些健身撩妹的视频。然而有许多的新媒体运营者，并不知道怎样才能做好定位，在这里教给大家一个简单的方法。

要为新媒体账号做出定位，有两种快速细分的方式，一是对目标用户人群进行细分，二是对行业产品进行细分。

再拿汽车新媒体账号举个例子，如果根据目标用户人群进行细分的话，可以分成学车、买车、换车和卖车。而如果是根据目标用户人群的爱好进行细分的话，则可以分为越野、超跑、改装和自驾。最后，还可以根据汽车产品来进行细分，可以分成 SUV、MPV、豪华车、新能源车、跑车、皮卡，等等。

上面提到的这几种细分方式都可以作为汽车类新媒体账号的定位。

通过竞争对手来做选题的方法就简单许多，主要就是通过账号收集，加上文章筛选，加上素材库分析等几个步骤来分析领域大号的高数据表现文章。

账号收集就是通过各大第三方平台的榜单以及各种新媒体的官方榜单来收集同行业里的竞争对手的账号。然后就是对其进行数据分析，批量爬取他们的历史文章，根据他们的数据表现筛选出高质量的文章。

根据用户需求来做选题，获取用户需求的方式主要有百度指数、热点话题以及直接反馈。

通过百度指数可以了解到很多关于所在行业的信息，其中包括趋势的研究、需求图谱、资讯关注以及人群画像等。

热点话题就是我们通常所说的蹭热点。集中的热点又分为可预见的热点和突发的热点。

可预见的热点通常会出现在每个月的营销日历里，百度一下就可以获取很多。

突发性的热点通常来源于微博、知乎这些平台。那么在蹭这些热点的时候，要坚持两个原则：第一，负面的热点不追；第二，热点的指数开始下降时不追。

上面提到的这些都只是在间接地了解用户需求，想要直接获得用户的反馈，需要用到一些运营技巧。

比较常见的就是在公众号里设置一些环节，会对用户提出的问题进行一个收集，然后固定在某个时间段对其进行解答。

而且如果有粉丝社群，那么收集反馈的方式就更是多种多样了，精确的同时成本也能做到更低。QQ 群、微信群甚至是朋友圈都可以成为获取反馈的渠道。

4. 打造差异化

在这个人人都可以成为新媒体的时代，表现得最为明显的问题就是内容同质化，要想最为有效的抢占用户阅读时间，就需要从内容差异化入手（如图 2-3）。

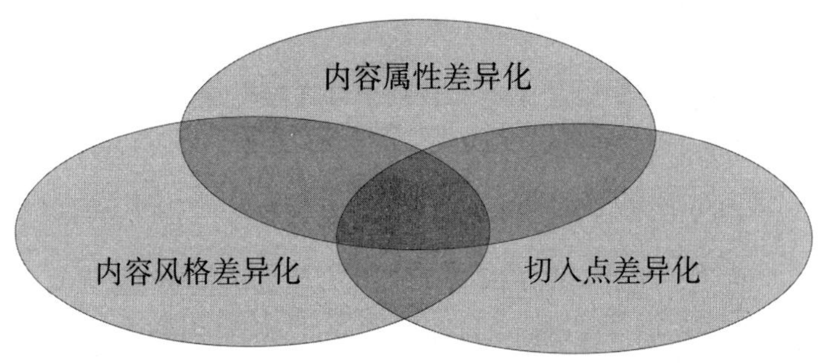

图 2-3　新媒体内容差异化策略

（1）内容属性差异化

这里的内容属性具体指的是文字、图片、音频、视频等这些表现形式。

那么怎么才能打造出差异化的内容属性呢？做到一点即可，那就是敌无我有。

“夜听”和“一条”就是在别的公众号都在做图文的时候，选择了音频和视频作为切入口。“同道大叔”坚持用漫画 IP 产出内容，这就是“敌无我有”。

（2）内容风格差异化

内容风格上的差异化其实非常好理解，就比如说要做一个关于汽车评测的公众号，通过分析国内相关领域许多优秀的账号，可以发现不同的汽车账号之间的风格存在很大的差异。

例如：38 号车评和 Y 车评的风格就是一本正经地说车。而 90 后侃车和李老鼠说车的风格则比较偏向趣味搞笑。还有玩车 TV 和车若初见，专门打造出女司机 IP 说车。

可能车评类的新媒体不太为人所熟知，这里可以换个例子，比如办公室小野就是凭借着有别于普通短视频的新奇脑洞，从而在众多新媒体中脱颖而出。

（3）切入点差异化

通常根据切入点来做分类的话，大致可以分为干货型、观点型、资讯型、点评型、体验型、采访型以及集锦型文章。

比如在 2017 年就有一部非常火的片子，叫作《人民的名义》，它在播出期间就产生过许多不同切入点的 10 万 + 爆文。

5. 搭建素材库

搭建属于自己的素材库，是从事内容运营的相关人员一定要养成的习惯，丰富的素材库资源可以起到事半功倍的效果。

搭建素材库时通常建议要包含以下这些内容：

爆文库，在里面放上自己的账号，或者是竞争对手的账号产出的爆文。

标题库，在里面放上收集到的能够让人忍不住点击进去查看的标题，不管是不是与自身行业相关的文章，都要收集起来。

图片库，用于收集许多高清的无版权图片，切记不要因为图片侵权而惹上官司。

工具库，用于存放新媒体运营的相关工具。

名词库，专门负责将垂直行业里的专有名词解释记录下来，用于提升专业度。

随想库，这个库的作用主要是将平时的灵感记录起来。

原则 3：内容运营不是“运营内容”

我的朋友 H，是一位比较标准的传媒人，文字功底扎实，几乎对于各行各业的新闻事件能写能评，采访突破功力深厚，出过专著拿个大奖，曾经做过成功的报道案例，在媒体圈他算是一枚精英人才。

但是，由于传统媒体行业日渐衰落，收入锐减，事业不太顺利，恰逢互联网时代崛起，媒体人转型水到渠成。他心想自己在传媒打拼多年，一直以文字打交道，做互联网内容运营应该是不错的选择，凭着自己过硬的功力，谋求一个内容运营经理或者总监的职位应该是没有问题的。

后来，我的朋友 H 很快被猎头推荐去一家互联网公司应聘。这家互联网由摄影论坛起家，目前做“时间电商”（注：“时间电商”概念来源于 Uber、Airbnb 带来的共享经济。共享经济模式盛行以来，“大规模业余化”日渐成为趋势。共享经济的语境，也已经从最初 Uber、Airbnb 等共享有形资产，逐渐发展到共享虚拟物品，如时间、人力资源、脑力劳动等），专注于个人在业余时间分享和打赏自己的技能。

该“时间电商”公司缺少的是内容运营方面的人才，于是开出不错的薪水，朋友 H 很快就与公司创始人面谈，聊得也开心，从天文地理历史聊到媒体行业发展大势，从如何做出让人惊艳的标题到如何通过谋求内容打赏盈利，从媒体生涯到如何通过品牌运营拓宽公司影响力……天马行空，聊得甚是兴起。

创始人自始至终都很用心地倾听，而且不时对媒体花边新闻做出回应，我的朋友很开心，认为这个年薪几十万的运营总监岗位稳操胜券，后来面谈结束后，迟迟没有下文，猎头后来才跟他道出了真相。

猎头说我朋友的功力相当不错，如果做继续做媒体，他可能将会是一位很出色的媒体人，但是同样是做内容，做“时间电商”可能不太合适。

一是时间电商关键在于兴趣爱好广泛，对于各品类要有自己的理解和运营，比如他们做的是知识技能，摄影，绘画、手工、运动、舞蹈、美食、健身等等，而且这方面的内容运营不同于传统媒体运营，何况 H 在面谈中从来没提及过以上任何一个领域的内容和阅历；

二是缺少互联网内容运营的经验，所谈论的内容规划运营的实操设想是传统媒体的套路，无法适应新兴的新媒体运营发展趋势，虽然文字功底和知识水平很重要，但是如何对新媒体运营有深刻的理解才是重中之重。

也就说，如果世界已经进入了蒸汽年代，别浪费精力研究如何让马儿跑得更快更远。

经过猎头这么一点拨，朋友最后才恍然大悟，原来互联网所谈的“内容运营”跟传统媒体所谈的内容运营根本不是同一回事，这个内容运营更加倾向于生活格调，生活美学，而不是社会新闻和热点评论。

因此，这个案例也给传统媒体人提个醒，无论你在传统媒体的能力有多强，真正要跨界朝着互联网方向迈进，还需要不断地更新知识体系。

我们不妨回头看看这家时间电商的公司，他们的发展背景就是经营时间电商平台，从模特服务开始切入市场，然后一直拓展到约模特、约场地、约化妆、约摄影和培训，美食服务，延伸到由各类达人提供的约有趣兴趣、约活动服务。

除了已涵盖的技能服务、商业服务、娱乐服务和生活服务四大品类外，新开设的服务已覆盖到亲子乐园、时尚白领、玩转校园和礼品定制领域。

综合以上所谈到的领域，好像跟传媒的差别还是有点大的，他们追求的内容运营并非是传统意义上的内容运营，比如通过生产优质的内容扩大影响力并且实现广告盈利；而这家公司需求的内容运营，为服务品类扩展而努力，力求让不同领域的需求都能找到解决方案，让用户能更便捷地约到需要的服务。

换而言之，内容运营不在于能够生产多少内容来填充平台，而是如何拓展服务品类，让用户便捷地寻找到服务。内容运营类似于传统媒体的内容策划与编辑，但是不尽然。当然，媒体人在内容运营商是有优势的，比如文案的策划与撰写、信息整理与搜索、品牌推广与传播，项目的推进和落地等等，具有其他行业不可替代的能力。

互联网产业发展方兴未艾，进入移动互联网时代后，互联网公司的种类覆盖到所有的生活中，所有的互联网公司都需要内容运营，互联网内容运营更是千差万别，不妨对比一番（见表 2-1）：

互联网平台类型	代表机构	内容运营倾向
门户类	新浪，搜狐	内容的编辑与发布；页面的日常维护更新；撰稿人的维护与拓展；策划专题；新媒体（微信、微博等）等综合业务
电商类	唯品会，蘑菇街	文案撰写、页面管理、创意策划、活动支持
知识类	知乎，果壳网	热点追踪，选题策划、文案策划、拓展媒体渠道、内容生产与编辑
社区类	天涯，凯迪	挖掘社区原创内容、项目执行落实、编辑与生产内容、新媒体运营
直播类	映客，YY	挖掘和培养网红，通过内容包装和推广主播，保证直播质量、策划内容方案，数据分析，维护用户关系
游戏类	腾讯，网易	内容策划、文案撰写、创意发掘、游戏体验与测试、网络推广、客服维护 新媒体运营
图片类	POCO，昵图网	文案撰写、市场调研、产品规划、用户维护、数据分析、内容整理与搜集，项目运作

续表

互联网平台类型	代表机构	内容运营倾向
视频类	爱奇艺，优酷土豆	对频道的规划与调整；内容策划、推荐、推广和专题的创建和维护；开拓行业优质内容合作资源；数据收集与监测；日常内容的推广与维护；配合活动运营
音频类	酷狗音乐，蜻蜓 FM	图文信息采集、图文编辑、审校、图文内容维护、日常更新推荐、外管团队的引导； 挖掘优质主播（媒体、公会）图文作品并撰写推荐文案，有效提高星讯频道流量； 收集和分析频道内各项数据，及时对频道内各版面的功能进行分析、总结和改进
行业类	马蜂窝，妈妈网	内容策划、撰写、运营、推广；为本地用户提供最实用最接地气的信息资讯；作为话题推动者，挖掘当下热点，洞察用户需求，通过策划引爆社区活跃度
广告类	有米科技，友盟	文案撰写、广告投放、市场合作、创意策划、新媒体运营、客服维护、媒介拓展、活动策划。

表 2–1　不同平台的内容运营倾向

以上内容运营的工作繁琐复杂，根据企业发布的内容运营岗位总结而成。互联网公司的技术、产品和服务不断地交汇融合，跨领域、综合性工作诸多，几乎找不到单纯专注于内容生产的互联网公司，只不过通过列举来认知互联网内容运营的差异而已。

互联网公司的内容运营虽然千差万别，但是也有一丝规律可循。我们不妨从内容运营专员，运营经理到运营总监的要求与能力来看一看。

一般来说，除了基本的表达能力、沟通能力和协同能力等共同的职业素养外，运营专员的要求是最基础的，比如能够结合行业热点，编辑和撰写相关文案文章，这就要求对行业情况了解，并且文字基础要扎实，同时能够做一些策划和专题，能够收集到数据，并且能够总结和反思内容的得失。

对于运营经理来说，能力方面也在运营专员所要掌握的能力上升几个阶梯，比如关切热点，带领团队创造、编辑、组织原创内容制作和专题生产；对平台内容运营数据的整理、分析，定期提交分析报告，负责平台的优化、升级，提升相关数据指标。要求是熟悉互联网思维模式，有资深的运营经验，深厚的文字功底、专题策划、市场推广和品牌包装实力，更加侧重于创新精神、统筹规划能力，组织协调能力、学习沟通能力。

而对于内容运营总监来说，又是一个更高的进阶。总监的岗位不在于具体的实践操作，更在于侧重于管理，比如协助制定公司产品运营计划、宣传策略，提高产品知名度和影响力；协助制定、完善、实施公司线上平台的相关管理制度，不断优化工作流程；对互联网行业产品进行研究，了解市场需求，分析竞争对手、产品和市场生态，为公司产品结构优化提供参考，让公司线上产品符合当前的市场发展趋势；与线下团队协同合作，将公司的优质线下资源转化为线上产品，等等。

当然，以上列举的内容运营岗位与级别并非一成不变，而是一般意义上的内容运营架构与要求，每家互联网公司情况不一，他们都会根据公司在行业所处的位置，运营情况和市场变化而做出适当的调整。对于普通的运营实战人来说，这些能力是不可忽视的。

1. 熟悉互联网发展大势

在诸多行业中，发展最快的是互联网，新零售、IP 运营、网红直播、粉丝经济、知识电商、共享经济和区块链蜂拥而至，一不小心就错过了风口，现在很多传统企业转型困难原因很多，但归根结底是遇上了互联网时代。

互联网时代变化得很快，很多人的思维仍然停留在传统里面，比如很多人看到马云和电商发展的峥嵘岁月，看到了门户网站的广告坐等收钱，后来者还想通过电商和门户来发横财。

殊不知，电商和门户也成为传统行业，马云开始从 2017 年放弃“电商”的说法，这个“传统行业”不是核心的业务，阿里巴巴也将会成为科技互联网公司；

比如本节开篇朋友 H 的求职经历，无法把握住时代的大潮，大到公司小到个人，不管是高层管理还是基层运营，倘若不懂大势，公司没有优势，个人没有前途。

2. 文案能力和富媒体实操能力

文案能力，是所有工作的基础，但是在互联网时代，文案能力更是不可忽略，今天的新媒体发展得如火如荼，优质的新媒体微信公众号，文案能力是让人惊艳的，从标题上来看，不再是传统中凝练浓缩的短标题，而是悬疑戏谑娱乐化的长标题；

从内容来看，除了传统意义上的图文并茂，还融合了富媒体；在广告运营方面，广告内容化，与信息无缝对接……所有的这些内容生产的背后都是文案能力和富媒体综合执行能力的结果。

微信公众号“吴晓波频道”，有一篇《为什么你的生活还在按部就班走流水线？》，心灵鸡汤式的标题一下子击中了很多粉丝的痛点，实在忍不住点击进入看，文章一开始就是一本正经地谈论描述普通人僵固的生活轨迹，一直谈到生活的“舒适区”，然后配上图片，解决方案是：这般一成不变的流水线式生活，才应该尝试插入“第三空间”，走出舒适区。于是广告就从“舒适区”内走出来了，一气呵成，对接巧妙推广吴晓波的新书，阳澄湖牌大闸蟹，让人一句被广告“虐”得如此舒畅。

网友不得不给这个广告点赞。在新媒体时代，类似这样的广告“赤裸裸”地植入不胜枚举。

这样的广告内容化是新媒体最流行的广告植入和品牌植入的方式之一，从事内容运营的读者不妨多一点留意和收集这些

“套路”，这是值得借鉴的地方。

3. 数据分析能力

很多内容运营的人员忽略了数据运营的能力，通过数据的变化来调整内容运营方向，这是新媒体运营中最常见的一招。比如 APP、微信微信公众号的下载量、新增粉丝数、阅读数、掉粉率等等；平台网站的 PV、UV、IP 等等；在结合内容的广告投放中，分析投放数据（游戏、渠道、广告素材）以及监控投放效果（点击率、转化率、成本等），通过数据窥视到运营的得失，挖掘出运营中的漏洞，开发出更好的运营思路。

以网络流行的一个典型例子，现摘录如下：

GrowingIO 的技术博客为例，该博客属于 PGC 模式。博客中的内容有不同分类，为了降低用户获取信息的成本，运营方在博客首页设计了不同板块的入口，包括左侧分类导航、中部文章推荐和右侧热点推荐。

后来他们发现用户主要通过左侧的导航栏和中间的推荐阅读文章，较少点击右侧的热点推荐。所以，在移动端的始终，我们取消了右侧的热点推荐，仅保留了分类导航和中间的推荐。既节省了空间，又最大化满足了用户的内容需求。

同时，他们也对分类导航栏的内容进行了分析，发现用户对“案例分析”的内容最感兴趣，立即调整，这对我们今后的内容选择是一个非常好的启发。

在运营实践中，有人这样强调，产品运营是发动机，数据运营是指示表，内容运营是油，用户运营是驾驶员，活动运营是催化剂，市场运营是油门，由此可见，整个运营体系是紧密联系在一起的，缺少任何一环，整个车子就动不了，因此既然内容运营是“油”，那么开车狂奔，却没有数据运营这块指示表，不知道开了多少耗油多少，车子还能爬行多少，有没有其他的油料问题等等，车子行驶自然不会畅顺。

做内容运营，不仅仅是基于产品的内容进行内容策划、内容创意、内容编辑、内容发布、内容优化、内容运营等一系列与内容相关的工作，还要看看数据，数据不仅直观地反映了内容运营效果，而且还能够更加明确地反映平台和文章的质量。如果质量有问题，找到对策，相当于给车子加满优质的燃料，车子自然会跑得更稳当。

我们先看看一个网站（APP）的相关数据——

序号	指标名称	指标定义	指标反映含义
1	页面浏览量（PV）	用户每1次对网站中的每个网页访问均被记录1次。用户对同一页面的多次访问，访问量累计	评价网站流量。PV越大，流量越多，人气越好
2	独立访客（IP）	即Internet Protocol，独立IP是指访问过某站点的IP总数，以用户的IP地址作为统计依据。00:00—24:00内相同IP地址只被计算一次	表示拥有特定唯一IP地址的计算机访问您的网站的次数，因为这种统计方式比较容易实现，具有较高的真实性，所以成为大多数机构衡量网站流量的重要指标

续表

序号	指标名称	指标定义	指标反映含义
3	独立用户数（UV）	是指不同的、通过互联网访问、浏览一个网页的自然人	独立访客是指某站点被多少台电脑访问过，以用户电脑的 Cookie 作为统计依据。 00:00—24:00 内 相同的客户端只被计算一次
4	重复访问量（RV）	重复访客的数量	主要反映出平台的内容受欢迎的程度
5	平均访问页面深度	访问深度，是指用户一次连续访问的店铺页面数（即每次会话浏览的页面数），平均访问深度即用户平均每次连续访问浏览的店铺页面数	反映出页面的布局、内容和排版等受关注的程度，深度越大，受关注的程度越深
6	页面停留时间（TP）	即是 TP（Time On Page），受众在页面所停留的时间	反映用户体验分析及流量质量监控的重要指标
7	页面跳出率	跳出率是指仅阅读了一个页面就离开的用户占一组页面或一个页面拜访次数的百分比	网页的跳出率是一个权衡网站用户体验黑白的主要目标
8	回访人数比率	即再次访问的人数比总访问的人数	反映网站的内容质量，用户体验重要指标
9	忠诚用户访问比率	即忠诚用户访问的人数比总访问的人数。	反映出网站内容对用户的价值。

此外，还有以下的数据名词或者互联网专业术语，对于内容运营者不可不知道的名词：

TS（Traffic Sources）：流量来源渠道

SEO（Search Engine Optimization）：搜索引擎优化，通过优化页面上的标签，内容，内外链等提高搜索引擎的搜索结果排名

SEM（Search Engine Marketing）：搜索引擎运营，竞价排名

ASO（App Search Optimization）：应用市场优化，通过app名称，介绍文案等去覆盖热词

ROI（Return On Investment）：投资回报率

DAU（Daily Active User）：日活跃用户，对“活跃”的定义应与APP的核心业务有关

ARPU（Average Revenue Per User）：用户平均收入，只反映收入情况

CMS（Content Management System）：内容管理系统

UGC（User Generated Content）：用户创造内容

PGC（Professional Generated Content）：专家创造内容

人们常言数据是互联网世界的石油，掌握了数据这个战略资源便掌握了全局。从个体来说，如果在数据分析中，还懂得常用数据结构和算法，熟悉一些统计软件工具和编程语言，那

么在运营中你将会更有竞争力，因为现在是人才复合的时代，懂得越多，优势越大。

4. 高阶能力的锤炼

想成为高阶人才，不妨听我说一个人的成长履历。

有一个朋友的朋友 K，有着 12 年以上 IT 及互联网行业工作经历，她对自己的评价是：

①具备融合“线下”与“线上”运营管理的能力，能灵活地把线下管理方法论契合线上管理场景。

②拥有互联网新媒体内容领域初创企业（Pre A 轮百万量级内容平台）首席运营官背景，能承担新商业环境下挑战，拥有高质量流量合作资源。

③对微信公众号的品牌定位、用户运营及商业变现拥有丰富实战经验，能够从战术角度制定内容定位、团队搭建以及用户增长路径的策略；经过多年大型领先企业的历练，养成了敬业高效的工作习惯，积累了丰富的行业客户资源。

我们看到，既具有宏观的行业布局和战略规划能力，又同时具备高度的组织统筹和落地执行能力。有较好的商业意识，强烈的市场觉察力和沟通协调能力；对数据敏感度强，清晰严谨的逻辑思维能力和分析能力；通过大量实战的项目经验积累了专业的商务谈判能力；负责初创企业建立高效开放的组织体系，建立完善、优化业务运作体系和工作流程，辅助和协同创始人进行初创企业“找钱、找人、找方向”……

这样的人才是屈指可数的。我们可以推断，这样的人才在运营中会多么受到企业的追捧。因而，如果在运营上要想往更高的层次发展，可以参考这位朋友 K 的“撒手锏”，比如擅长于战略布局或者团队搭建等能力。

例如，在战略规划方面，首先，需要了解行业动态，通过 SWOT 方法做出商业判断，并结合产品迭代节奏，制定运营战略和规划；其次，可以根据运营战略，运用 milestone 理念制定阶段性目标和计划，沉淀高效的运营流程、方法，协调各部门落地执行；最后，善于运用丰富的新媒体、KOL 渠道合作资源和头部流量合作、广告、产品端的资源，完成销售渠道开拓指标，进行产品上线推广。

5. 懂得团队搭建

负责公司建立高效开放的组织体系，建立和完善业务运作流行体系，使用精益管理理念，持续优化工作流程，完善招聘、面试、入职、培训流程；根据人效产能规则，从个位数人员开始搭建业务团队到小规模的规模；包括买手团队、设计团队、编辑团队等；设定团队工作范围、业务流程以及业务绩效考核。

所以说，内容运营不是运营内容，除了懂内容，还要懂得其他各种相关问题，才能做好新媒体内容运营工作。

原则 4：提升原生内容的运营能力

从技术的角度来看，内容运营需要运营者掌握的技能包括文案撰写、富媒体实操能力、数据分析，那么从“基础理论”

的角度来看，内容运营的核心到底在哪里？

我们知道，众多科技新媒体在微博时代崛起，内容以原创和独家赢得了市场的回应：36 氪关注创业；雷锋网偏技术，产品；虎嗅网偏商业和公司，而且虎嗅重评论；Social Beta 偏重社会化媒体；Ping West 认为他们和硅谷更接地气，资讯更加第一手；钛媒体注重深度报道。内容差异性竞争让这些科技新媒体依照内容生产规律迎来了微博时代内容创业的春天。

现在互联网创业仍然如火如荼，内容创业迎来了又一个繁华美丽的春天。比如“今日头条”成为基于机器算法的内容个性推荐，成为这个领域的佼佼者，资讯定制推送成为新的方向；同时，以内容原生的内容创业更是赢得了市场的青睐，知识付费逐渐成为时髦。

比如“在行”“小密圈”“值乎”平台进入了时代的大潮中；在线碎片化教育项目“熊猫书院”，付费学员系统性学习推荐书单中的精髓内容；各大网络视频平台进入会员收费模式，浏览自身平台独家内容；由腾讯众创空间孵化的“千聊”，是国内领先的在线知识社区，各领域精英每天直播分享彼此的专业知识和经验，实时互动交流。千聊是一个专注于知识分享的平台，通过直播的形式让您直接找到各个领域的专家、老师、达人……

实际上，付费是对内容最好的尊重，也是对于互联网有为者的褒奖。知识电商和内容付费骤然兴起，归根到底，原生内容将是这场内容创业大战中最核心的能力。

笔者曾经在某互联网媒体社区从事过内容运营的工作，对于原生内容有一些心得可以分享（如图 2-4）。

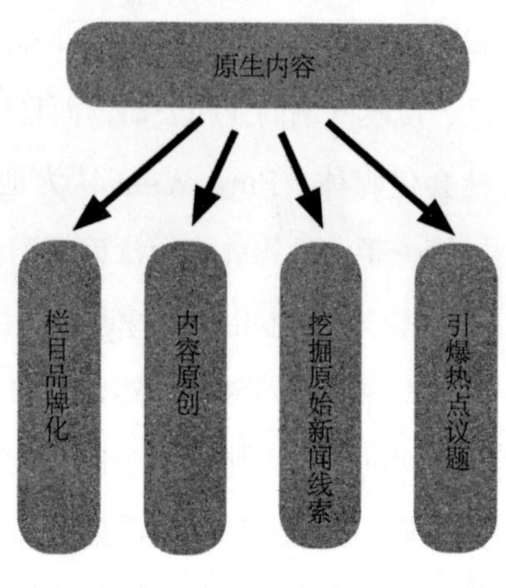

图 2-4　打造原生内容的四个要点

一是栏目品牌化。社区经过策划与运作，打造了“大家谈”“新闻说法”“财经评论”“国际视点”“舆情观察”“翻书观影”“政经早报”等原创品牌专业评论置顶栏目，通过不同的视角去剖析新闻事件，赢得了不错的口碑。

二是内容原创。编辑的日常工作有一项就是原创内容，内容生产能力也体现了内容运营者的功力，因此不断加大了优质文章评选，编辑们优质评论源源不断地贡献内容，引起了网友的热捧。

三是挖掘原始新闻线索。这算得上是当年社区最核心竞争力的内容运营。2012 年 11 月，笔者在全国范围首次曝光贵州毕节五亡童的新闻事件，引起了举国媒体跟进报道，掀起了关爱留守儿童的热议，这也算是职业生涯中较有影响力之作。

另外，广州公民区伯的系列新闻与评论。最早于任职某地方网站期间，以发起某热点人物请保镖事件，引起电视媒体关注，并以嘉宾身份出席讨论；2015 年，追踪新闻热点人物嫖娼案，赢得了全国新闻的关注与赞许，树立了良好的品牌效应。

四是引爆热点议题。2015 年，在社区官方微博中首次质疑三大运营商“提速降费”无诚意的观点，引发媒体跟风热议。随后，长江客轮倾覆事件，追问七大疑问待解，引发舆论关注。

当然，以上的内容运营核心操作手法是根据平台的具体情况和目标定位而执行。曾服务的论坛社区是属于时政社区，有十几年的积累，用户画像是“关心时政的网友”，相对于其他互联网平台来说，评论和打捞原始新闻线索是最具竞争力的法宝。

通过这些案例来看，内容的原创或者说是内容的原生能力，是内容运营的核心。当明确了受众是谁后，那么要解决内容来源，一般来说，内容来自：传统媒体生产的内容；专业期刊图书产生的内容；微信公众号上产生的内容；知乎上产生的内容；其他论坛社区里产生的内容；KOL 产生的内容；自己原创生产的内容等等。

从内容原生的角度来看，有专业和业余之分，因此出现了 UGC（User-generated Content，用户生产内容）。随着移动互联网的发展，网上内容的创作又被细分出 PGC（Professionally-generated Content，专业生产内容；也称 PGC，Professionally-produced Content），UGC 和 PGC 的区别，是有无专业的学识、资质，在所共享内容的领域具有一定的知识背景和工作资历。

PGC 和 UGC 的区别，相对容易，以是否领取相应报酬作为分界，UGC 往往是出于“爱好”，义务贡献自己的知识，形成内容。专业生产内容，成为内容创业和内容运营成功的标杆。

对于 UGC，激励用户创造内容的手段：给予荣誉感和物质奖励，提高参与感和归属感。

也就是说，这些手段既能够满足用户的物质需求，也可以让用户觉得自己被重视。

因此，在面试内容运营岗位的时候，招聘单位可能还要求应聘者有内容运营的成功案例。在 BBS 时代，看的是文章点击量有多少；在微博时代，看你的创意文案的转发量和评论数有多少；在微信时代，看作品的阅读数和点赞数有多少，所谓成功的内容运营案例，主要还是侧重于内容的影响力，传播广度和烈度，尤其是题材跟风模仿者的多寡。比如：

主流社交网络上比较流行的网络流行语——“友谊的小船说翻就翻”，它来自漫画作家喃东尼最开始创作的“友谊的小船”。“友谊的小船，说翻就翻”，其实就是两个朋友之间，委婉地说出：哼，我不想跟你玩了，寓意友谊经不起考验，说变就变。

“友谊小船”最早的说法来自英文友谊一词“friendship”，而说翻就翻的说法来自曾经流行的一张恶搞配图“让我们荡起双桨，小船儿说翻就翻”。friendship 读起来就像翻的 ship。真正火起来的是韩剧《太阳的后裔》，调侃剧情的段子“说分就分耿直无双”衍生出来的“友谊的小船说翻就翻”等一系列内容。

然后，一系列“友谊的小船说翻就翻”的内容恶搞大行其道，品牌和行业模仿不断，成为网络运营的佳话。

我们可以看到，互联网的各方面运营是系统性的。成功的内容运营不只是传统意义上文字有多少人点击，视频有多少人收看，而是有多少人模仿跟风。

同样，网络流行的“凡客体”和“陈欧体”，也是内容运营中的杰出佳作，内容运营突破了一般意义上的稿件撰写，他们不在于内容的优劣，而是在于出色的传播以及能够引起网友的模仿，而这些内容都体系了原生性，互联网颠覆、解构和嘲弄精神无孔不入，构成了内容生产新生态。

微信微信公众号中，从内容运营脱颖而出的微信公众号不计其数，其中不乏通过心灵鸡汤的方式来搅动社会躁动的情绪，简单粗暴地博取眼球，最富有争议的“咪蒙”微信公众号便是典型的案例。后“咪蒙”公众号文章涉嫌造假被运营者主动注销。

如果从内容发展态势的角度来看，内容平台众多消解了人们的注意力，因此只有低俗粗暴，简单直接的言说方式能够强烈地黏住网友的眼球，这也是备受人们质疑的内容运营原因之一。很遗憾，目前内容运营要“杀出一条血路”，这种方式貌似还是奏效的，不过也无异于饮鸩止渴。

随着新媒体的增多，平台矩阵越来越多，分发的渠道增多，内容尽可能普遍网络平台，成为内容运营最重要的发展策略，从文字、图片和视频类内容来看，铺开内容的广度和烈度，需要从媒体矩阵上布局。与此同时，我们也要看到，没有独家的内容就没有独立的竞争力，对于个人来说，就是失去了原创能力将会失去核心竞争力；对于平台来说，提高内容原生能力会让平台走得更快。

在人们的印象中，曾几何时互联网公司总会有他们的标签，阿里是电商的杰出代表，腾讯是社交的杰出代表，百度是搜索的杰出代表，天涯社区是爆料的代表，土豆网站是视频的代表，微博是新媒体的代表……

这些刻板的企业形象主要是由于前期核心运营能力所决定的，也是他们内容原生衍变的结果。即使这些企业随着市场不断地开拓进取，已经实现跨领域多元化的经营，但是要想在残酷的市场中立足，创新精神，以及内容原生仍然是战胜市场的不二法宝。

内容的形式不断地进化，内容已经不仅仅停留于文字与图片、视频上，出现了新的趋势。那对内容运营提出了新的要求。我们不妨先从直播和 VR 是当今最热门的话题，也是互联网发展的奇葩。

先说直播。现在的直播局面有点类似于当年的团购网“打团大战”，竞争到白热化的阶段，“你丑你先睡，我美我直播”，直播快成了网络看美女的代名词了，在直播这个领域，啼笑皆非的事情多不胜数。比如：

一名游戏直播网站女主播凭借超强的“睡功”不仅获得万余名观众，还引发了王思聪的关注，并被打赏了价值 7 万元的红包，她所做的仅仅是睡了 3 天觉。

山东威海某男子直播去市场购买海鲜并下厨烹制到最后吃

掉的日常，竟然也能成为网红，高峰时段甚至超过 26 万人关注。

北京一个男子在地铁里直播撩妹，网友兴致勃勃地留意发展态势，但男子靠近目标的时候，发现女孩子身边站着男朋友，于是在地铁上做起了俯卧撑并直播。

主打“泛娱乐”化内容的平台占据了一大半，直播平台上，吃饭、睡觉、聊天、跳舞、发呆、化妆、唱歌都能成为直播的内容，何其单调乏味，缺乏内容创新，娱乐至死。所以，有论者发出疑问：直播的未来，到底是模式的创新还是内容的创新？

再说说 VR。2015 年，伴随着 VR（Virtual Reality，虚拟现实）与 AR（Augmented Reality，增强现实）技术以日益逼真的沉浸式体验风靡全球，相关产业开始初现端倪。2016 年更是被业界公认为“VR 元年”。如今，VR 已不再是科幻小说中的素材。

据有关数字统计显示，2015 年，全球 VR 出货量为 220 万部。而花旗银行预计，2020 年 VR 硬件、网络、软件和内容市场规模将达到惊人的 2000 亿美元。

目前 VR 几乎点燃了整个互联网行业的激情，各大分析机构纷纷将 VR/AR 列为未来科技发展的重要技术趋势，不过，VR 硬件投资已过，内容领域有更大发展空间。很多 VR 应用在游戏、旅游和医疗上，但是应用到影视上还是比较少，因为缺乏内容才是症结。

有人分析，在 VR 内容领域，可能更大的一个应用体现便是在跨越地理位置限制方面，提供实际物理空间难以达到的体验。比如先做无人机也在高科技中脱颖而出，将来可以带着VR设备体验到凌空飞翔的感觉；又或者虚拟电影出现，符合VR观感的影视内容被开发出来，带来全新的体验。

更富有想象力的是，网络虚拟购物，带着VR设备，连接设备，像真实场景一样走进超市商店选购商品；配合VR设备开发一款网上验货的传感器，客户在网上可以触摸到产品的质感和重量、厚度，登录相关的后台和系统来远程监测，质感传递，将来还可以开拓到其他的领域，比如超市，虚拟购物，服装店和商场等等。而且，还需要有内容互动，这也是内容运营新的方向。

03 新媒体活动运营的 5 大秘籍

无活动不运营，在如今这个社会，没有一些相应的活动策划来吸引，都引不起多大的关注。所以新媒体运营中需要通过不同的活动达到产品曝光、销售转化、用户拉新等目的。活动运营不用局限于线上，还需要衍生到线下。

秘籍 1：活动运营的 10 个流程

围绕目标而系统地开展一项或一系列活动指的就是活动运营，完整地包括了以下全部过程：阶段计划、目标分析、玩法设计、物料制作、活动预热、活动宣发、过程执行、活动结束、后期发酵、评估总结等全部过程（如图 3-1）。

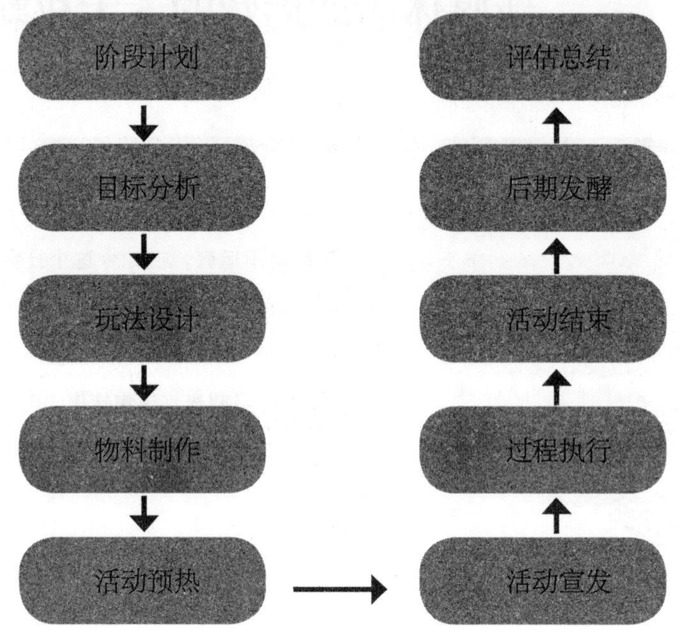

图 3-1　活动运营全流程

1. 阶段计划

运营者在每年年底结合第二年节假日、周年庆等热点，制定第二年的年度活动计划。

2. 目标分析

运营者在每次活动开始前，先明确活动目标，根据活动目标设计活动过程和细节。

3. 设计玩法

玩法要紧紧围绕活动目标，在设计玩法时，还要同时充分考虑到用户特性、渠道特性、品牌特性。此外，内部还要对玩法设计过程进行充分验证，将玩法漏洞进行多方挖掘，对玩法漏洞带来的风险及时规避。在设计玩法的同时，运营者在玩法中植入目标数据，方便对活动全程进行监控。

4. 物料制作

活动物料包括线下物料和线上物料。线下物料又分为易拉宝、宣传单、条幅等，线上物料又分为活动海报、活动视频、活动文字等。这些物料的制作都必须在活动发布前完成。

5. 活动预热

活动预热指的是在活动正式发布前的一系列工作，包括宣传、引流、聚客等。活动预热一般通过设置悬念、透露细节、发布优惠等方法开展。在预热时间的控制上，没有一定要求，但一般情况下不超过一周。

6. 活动宣发

准时在方案预定时间发布，发布内容包括活动的完整玩法、规则解释、注意事项等内容。

7. 过程执行

按照预定方案逐步执行。密切监控活动过程中的各项数据，一旦发现未达到预期目标或出现突发状况，要及时启动预案，调节活动进程，化解风险。

8. 活动结束

发布活动结束信息也要及时，同时，及时对活动中涉及的需要对外公布的信息（如中奖名单）内容进行发布。如果不能同步发布的，要对外给予明确的发布时间和渠道。

9. 后期发酵

对活动照片、视频、留言截图等活动内容进行整理，对部分内容进行二次传播，确保活动后期发酵工作的效果。

10. 评估总结

对活动整体效果进行评估，并带领团队对活动各个环节进行复盘，对活动经验进行总结归档，对后期活动的持续改进提供帮助。

运营者在运营活动的十大环节中，有四个关键环节需要重点关注：阶段计划、玩法设计、过程执行及效果评估。

秘籍 2：制定年度活动的 3 个步骤

在实际操作中，年度活动整体框架的制定，可以减少运营的随机性，以防止运营者出现“临时抱佛脚”的情况，以及只有不断追热点而没有运营主线的情况。

年度活动安排提前规划出来，对相关执行者在时间安排的灵活性上也有益处，可以让他们合理规划工作，对活动海报，活动文案等素材进行提前筹备。具体操作，可以通过以下三个步骤（如图 3-2）。

图 3-2　制定年度活动的 3 个步骤

1. 设定年度活动主题

要设计年度活动主题，必须结合企业下一年的整体目标。

年度活动主题，包括了企业全年的新媒体活动主线与整体调性。如果想让企业全年的新媒体活动成功举行，并且不那么零散，那么一定需要围绕活动主线展开。

一个好的新媒体活动，包含了在细节执行中的海报、文案、视频等内容的风格，都在围绕整体调性来设计。在设计企业年度活动主题前，还需要对企业的整体目标，包括产品目标、品牌目标、销售目标等内容进行了解。

2. 制定月度活动规划

一般情况下，企业新媒体部门会提前规划出第二年的运营工作，例如：某时间段计划在线上发布新品，某时间段计划进行降价促销，某时间段计划推出会员新福利等活动。这些内容都需要纳入新媒体整体运营规划范围内，对每个月将要进行的活动主题、活动形式、活动玩法进行设计。

3. 规划热点活动

一旦撰写的文章或者策划的活动是围绕着某个热点，很可能就会达到比平时效果好数倍甚至数百倍的曝光效果。因此，准确把握互联网热点对于运营者而言十分重要。然而，新媒体运营者还是要做到对互联网热点先预测和后评估。

（1）预测

互联网热点主要有两个类型，分别为突发热点和常规热点。突发热点的产生一般情况下没有任何征兆，如明星事件、社会事件等，运营者遇到此类热点只能采取随机应变。而常规热点的产生一般情况下具有周期性，运营者可以对此类事件提前预测。

（2）评估

对于某一个企业来说，面对全年五花八门的热点，而未必所有的热点都适用。因此运营者要结合企业的自身情况，对热点的相关性进行评估，并根据最贴切的热点开展相关活动的策划。

小米公司对于活动运营向来十分重视。如果对小米运营进行深入研究，就会发现，米粉这个重要的群体也是小米运营的重要组成部分。

小米所成就的神奇之处之一就是，不仅仅让用户成为产品的购买者，更是成为小米活动的参与者。

小米公司在 4 月 6 日（也是小米成立的日期），小米独具匠心地设置了米粉节，来回馈广大的用户，这个节日顾名思义就是小米粉丝们的节日。

这个所谓的“米粉节”，其实就是将粉丝聚会和新闻发布会进行糅合的活动。2012 年首次举办米粉节。此后，小米每年都会在这个时候开展持续好几天的盛大的粉丝狂欢活动，并对米粉进行答谢。截至 2020 年 3 月，“米粉节”已经连续举办 8 次，虽然在规模上有所变化，但是小米与用户的深度互动一直未变。

小米的第一届米粉节于 2012 年 4 月 6 日在 798 的 D-park 举办。雷军在现场与粉丝展开了热烈的互动，他将贺卡赠送给了米粉，贺卡上由他深情第写道，“小米的哲学就是米粉的哲学”，现场的气氛一度被点燃。雷军还在这次米粉节上，公布了几项小米即将回馈给客户的活动，如：第六轮开放购买数量将达到十万台；全场所有配件六折，让利 3000 万；与电信共同合作推出合约机，将给用户奉献出极其优惠的套餐。

小米在这次米粉节上的回馈活动，令许多粉丝十分狂热，而粉丝对小米的回馈方式也十分显而易见：小米在米粉的支持下，当日就创造了 6 分钟销售完 10 万部手机的纪录。

“米粉节”对于米粉来说，就是一场盛世欢聚。科技博客爱范儿在第一次米粉节后发文称：“从现场来看，小米又发明了一种刺激肾上腺素的方式——米粉节。”不过，实事求是地说，这次米粉节的规模实在不大，而 2013 年的米粉节对于不少米粉来说，才是给粉丝留下印象颇深的一次。

米粉到了 2013 年已经显示出了“财大气粗”的气势，他们直接包下了国家会议中心，举行了一场声势浩大的发布会和粉丝狂欢盛典。

2013 年米粉节上，有四款新品连续发布，其中包括了

MIUI V5 正式版的发布，后续又对小米手机 2 增强版 (2S)、小米手机 2 青春版 (2A)、小米盒子的核心细节进行陆续曝光。

雷军在此次米粉节上还透露了普华永道会计师事务所出具的小米 2012 年度的审计报告，在审计报告中，2012 年小米公司纳税总额达 19 亿元，这一纪录再创了新高。小米所取得的成绩令米粉们一同欢呼。

小米官网于 2013 年 4 月 8 日晚 8 点，首发了 20 万台小米 2S，而小米 2A 手机发布两周后上市，并于三周后开始销售。

小米 MIUI V5、小米 2S/2A 在 2013 年的米粉节上横空出世，再加上晚上的新机首发，凑足了软件、硬件、抢购的“一箭三雕”模式。小米在与米粉在这次米粉节上在进行了充分的互动，在此基础上既凝聚了米粉们的心，完成了一次盛世欢聚，又促进了小米产品的销售。

在 2014 年 4 月 8 日的米粉节上，与前两次不同的是，小米公司这次并没有举行线下发布会，但这次线上发布会却成就了小米公司史上最大的一次销售活动。

米粉节在 2014 年采取了电商销售的方式进行。小米公司在备受关注的米粉节拉开帷幕时，宣布为庆祝公司成立四周年，全线产品都将参与购物狂欢活动。

任何企业在制定活动运营计划时，一定要按照步骤有条不紊地进行，只有这样才能有效保证活动的结果符合运营人员的预期，通过活动为企业创造利润，实现价值。

秘籍 3：活动运营 6 大法则

企业为推动信息流动扩散，更多地吸引用户注意力，经常在微博、QQ 空间、微信上展开各种活动，这是企业进行活动运营最常采取的策略。

现实及现有渠道中的各类活动中，有许多好的策划，值得参考和借鉴。

加多宝曾经在春节期间，在北京西单大悦城放置了自动贩卖机，活动规则是，往来的购物者只要大喊一声“过年来罐加多宝”，只要贩卖机所识别到的声音足够大，贩卖机里就会自动掉下来一罐加多宝。有很多在商场内穿梭往来的消费者被这个好玩又免费的小活动吸引过来，并积极参与其中，令大家玩得不亦乐乎。

这种活动现象立刻引起了一定的热度，出现在了微博当中，自然而然得到了更多人关注的目光。

在企业活动运营中，可以将活动信息推动到不同的新媒体平台，实现线上线下之间的流动。也正是由于活动推动信息跨平台流动，所以才产生了在社交网络的发展过程中“竞争对手消失了”的现象。

一个企业如果想用更低廉的成本来取得更好的运营效果，那么活动运营就是一个很好的解决方案。

关于趣玩网 CEO 周品的一则活动策划案例一直被广为

流传：

在趣玩网的创办早期，为了获得更多注册用户，趣玩网专门策划了一个关于用户注册有奖的活动：想获取抽奖的机会，只需要在新用户注册中填入自己的地址、邮编及其他联系方式等内容即可。

大众对趣玩网的印象是，它本身是一家以创意家居用品为主的网站，准备的小礼品自然十分有创意。因此抱着试试看的态度，很多用户参与了进来。令人意想不到的是，竟然能真的收到小礼品，人们参与到此项活动中的热情马上被激发了起来。

除了设置填报信息的方式参与抽奖的活动以外，在抽奖结束后，还能通过再邀请新的好友进来的方式，获取新的抽奖机会。每个人最多可以累计获得三次抽奖机会。这就造成了一种现象，很多人在成为新用户的同时，又成为新用户的推荐者，将这种链式反应持续进行下去。

一般情况下，一个网站想获得新用户必须付出非常高的成本，想要用户再推荐新人，并填写真实的邮箱、地址、手机等联系方式就更是难上加难，周品在解决这个大难题时只付出了小小的“利益”。同时，赠送的精心准备的创意小礼品，也获得了第一批体验用户。

在活动展开后，趣玩网直接将行业内同类网站公认的平均花费 20 元才能获取一名新用户的成本，直接下拉到 0.5 元 / 人的水平，这个效果是很多企业和团队都奢求不到的。

2013 年 5 月初，支付宝也发起了一个名为“十年记忆，淘宝时光”的活动，对用户在支付宝中花费的数额进行测算和统计。

很多用户被精彩个性的消息文字描述与图片结合吸引过来，并参与其中。参与到该活动中的很多用户，由于文字的幽默性，在与好友分享自己信息的同时，也感受到了其中的乐趣。

这些活动充分利用了用户的好奇以及希望获利的心理，也利用了关系链的传递作用，便于在社交网络中流动。

通过对新媒体平台上活动运营特点的观察，总结提炼出 6 大法则（如图 3-3）。

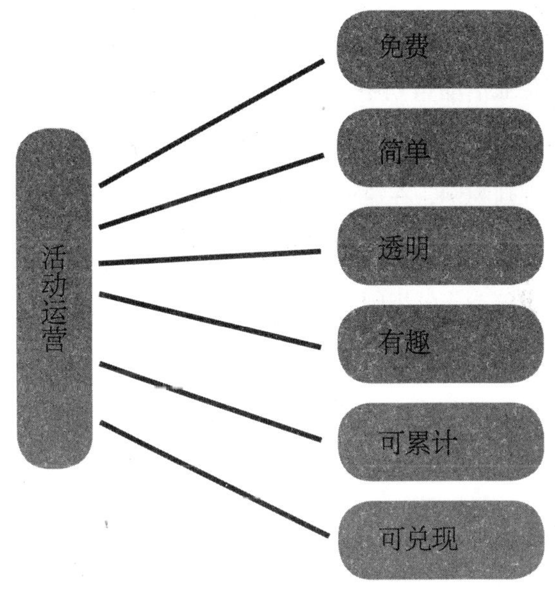

图 3-3　活动运营的 6 个法则

1. 免费

免费既包括免除费用，也包括可以额外提供更多的要求和获得更多的条件，以便降低参与活动的门槛，让参与活动的人群覆盖面更广，这样就能发现与获得更多的目标用户。

上述两项活动，都没有对用户附加更多额外的参与条件。

2. 简单

活动的规则在轻量原则下，也要尽可能地简单设置，因为用户会对多且复杂的规则感到不耐烦。

例如：通过对一些微博活动的观察我们可以发现，尽管一些企业对规则的设置十分详尽，但是往往参与的用户只是根据自己的理解去做，而不仔细研读规则，导致了最终结果与企业目标相去甚远。

在企业活动策划中，最基本的要求是简单。因为过多的规则设置会令用户分心，活动效果也往往尽如人意。以常见的企业设定规则为例，在微博中要求用户转发并 @ 多个用户，它既要求转发，又要求 @ 多个账号，对用户释放了多层要求，这会让用户对复杂化的规则感到迷茫、迟疑和抗拒。

3. 透明

在活动过程中，应该将奖励设置、获奖人员的获奖条件，以及最终获奖用户名单等进行公示，保证在整个活动的流程中有证可查、公开透明。

这不仅可以与用户建立更好的沟通渠道，也使后期投诉量得到极大降低。

由于获利冲动使然，一些“刷奖党”被催生出来。因此，用户出于自身利益的考虑，经常会怀疑活动是否有黑幕、奖项是否提前内定，等等，因此非常有必要建立公开透明的流程。

4. 有趣

自娱在社交媒体中是一种十分典型的现象，社交网络就像一个充满趣味的游戏一般，各种玩法总是层出不穷。游戏能激发用户新的自娱创造，吸引更多用户参与到有趣的活动当中，也能够让信息迅速得以扩散。

5. 可累积

用户的积极性往往会被利益的累积性充分调动起来，就如同周品在邀请新用户注册活动中所做的一系列推广一样。但是，这种规则也要有一定条件的限制，比如“最高三次”的界限，而不是完全没有上限。

6. 可兑现

和社交网络中的互动激励一样，奖品的兑现要进行细微，并及时下发，只要用户达到了兑奖条件，就能够以此获得奖品。奖品可以是一罐饮料，或者是其他小礼品励，不一定非要设置成大奖。

只要能保证汇总兑现和随时兑现，在符合承诺的情况下，稍微地超出一些用户对奖品的预期，就能有更好的效果。

这六大法则继承了传统互联网、论坛运营中的经验，但是如今可以十分恰当地运用到活动运营当中。

只要牢记活动运营的 6 个法则，并加以有效运用，必然能够让企业的活动运营去的更好的效果。

秘籍 4：活动运营的 4 条铁律

新媒体行业进行活动运营，有一些规律是必须要遵循的。这是以往的活动运营人员在长期的工作中总结出来的经验，值得每一个企业学习和借鉴。以下我们就活动运营的 5 条铁律展开阐述。

1. 所谓做活动，一定要强调“做”的过程

如果活动没有取得令人满意的效果，很多人都认为预算不够、流量不够、创意不够是核心问题。而在整个活动部署工作中，几乎也将申请推荐位、沟通协调资源、申请更多的现金奖品、设计更好看的活动页面作为工作重点。

这么做虽然没有错，但这一定不是一个活动成功的唯一条件。

首先，这些工作还无法满足活动取得成功的全部条件；其次，并非没有了这些活动，效果就一定不好；最后，不要认为活动一旦举行就能万事大吉，这种等着用户来主动参加的想法十分不可取。

图 3–4　做活动的两个技巧

我们常说“做”活动，一定要强调“做”的过程，在做的过程中可以采取以下两个技巧（如图 3-4）。

（1）找到首批优质参与者

活动引导是活动运营中的一项非常重要的工作。也就是说，在活动信息发布之前，找一些优质的首批参与者，来做好活动引导工作。

比如一款游戏正式上线之前，往往会进行所谓的“内部公测”，这种公测活动的参与者，也就是我们所说的“首批参与者”。通过这些首批参与，可以将活动信息迅速传递出去。

比如：通过参与这项活动，可以获得什么奖品，获奖率有多高，等等，以便吸引更多的参与者。

如果你能找到水平高、咖位高的“首批参与者”，也就为活动的顺利开展奠定了强有力的基础。

（2）营造火热的活动氛围

在整个活动过程中，活动氛围的营造是一项贯穿始终的重要工作。

例如，在很多活动的参赛作品中，都设置了评论、点赞等功能，也有很多类似的功能体现在活动页面上。

在活动过程中，为了营造火热的活动氛围，也让参赛者能感受到整个活动的人气，那么就要把整个气氛烘托起来，这样才能吸引到更多的用户参与到活动当中。

例如当年的超级女声评选活动，通过网络投票等方式，打造了一场全民参与的视听盛宴，其活动的火爆程度可谓空前绝后。

2. 要少做或者不做低门槛的活动

一些抢楼、灌水或者几个字就能参与的活动，往往并不能达到预期的效果。究其原因，是因为这些活动门槛太低，参与用户大多并不是质量很高的用户，也就是无效用户。

一旦这样的活动开展得太多，用户就会形成惰性，久而久之，就会拉低整个平台的用户档次。

而一个平台之所以可以取得成功，主要取决于头部用户的支持，那些底部用户永远无法对一个平台的品牌调性和未来起到决定性的作用。

相反，运营者应该在活动规则与活动流程设置上适当地增加门槛。但同时，一旦将门槛设置得太高，参加人数就必然大幅度减少。

因此，在活动举办之前，首先要思考，对于平台来说，什么样的用户能帮助到自身发展，此次活动的目的是吸引到什么样的用户。

对目标受众有了更加清晰的认识之后，就应该始终围绕着这个目标和原则开展活动。活动聚拢用户的目标不在于多，而在于精。

3. 活动不是一蹴而就的法宝，而要做到细水长流

很多运营人员策划活动只是为了完成绩效考核，获得年终奖。但是在运营人员皆大欢喜不久后，一泻千里的数据，又让这些人不得不将活动重新来一遍。

千万不要指望可以靠开展一次活动就对企业或品牌产生广

泛而深远的影响，无论任何活动，其热度都会随着时间的推移而 不断减少直至消失。因此，保持一个固定举办活动的频次是最合适的办法。

例如，在一个季度组织一次大型活动，这里的大型活动是指线下准备时间超过一个月，线上周期超过 20 天的活动。在一个月组织 1—2 次的中型活动，这里的中型活动是指线上周期超过 7—10 天。

如果活动频次太低，就显得平台人气太低；但是活动频次太高，也会给用户产生疲劳感，员工也会为了应对各种活动而降低工作热情。

比如说，2016 年，魅族手机开展了多达 30 次以上的发布会，却没有起到很好的效果。

要把每次活动的目标用户服务好，积累好，就算是一次成功的活动，日积月累自然可以成为宝贵财富。

4. 仅仅靠奖品、钱堆出来的活动往往效果很差

在早些年，开展活动相对来说非常奢侈，但是如今采用虚拟货币、虚拟勋章可以节省很多的预选成本。

活动运营在新媒体行业兴起后，渐渐不受控制，很多运营人员大手大脚地发放奖品，完全不计成本似的广撒福利。活动组织成为一件必须有很多预算、很多奖品才能开展的事情。

但这也导致一批薅羊毛的人由此产生，也称作活动党，他们专门在各个平台参与抽奖活动，这让很多奖品被这些职业马甲给赢走了，因此让组织活动的人没有了信心组织，让参与人员也没有了信心参与。

活动运营的要义是用小成本做大事，达到四两拨千斤的效果。

秘籍5：用线下聚会黏住线上粉丝

日常生活中越来越普遍的网络社区，为人们创造和提供了一个全新的社交模式。但是，由于网络社区的虚拟性，企业很难仅通过线上的网络社区，去凝聚用户与企业之间的感情。这就需要企业将线上的活动延伸到线下，通过组织线下活动来黏住线上粉丝。

在这方面，小米公司的做法具有非常大的借鉴意义，值得广大企业的运营人员学习与参考。

小米及“米粉”之间的关系，并不是仅仅依靠在线上维系。小米在微博、社区论坛等线上的社交平台上，已经有千万级的“米粉”聚集在一起。小米论坛不仅仅是一个网络社区，也成为与粉丝进行线下互动的发起点，从多方面强化了小米与粉丝之间的感情。

小米同城会、“爆米花”和MIUI社区论坛极客们的线下聚会，成为小米社区论坛线下活动的三种大致形式。接下来具体讲述一下，小米是如何与粉丝进行线下活动，提升粉丝和企业之间黏性的。

1. 小米同城会

“小米同城会”的理念来源于黎万强在“车友会”的经验。黎万强认为，我们中国人购买手机大部分都是通过先去论坛，然后参加线下活动来实现的，这种方式和买车时的行为模式十分相似。

小米同城会的规模约为 50 人左右，采取一个线上小米用户的线下聚会形式，基本属于“民间形式”的一种。在这种组织形式里，每个同城会都会选取资深的“米粉”担任“会长”。据悉，在全国范围内的小米“同城会”会长有 130 多名。

每个城市在小米论坛里都会有一个单独版块。米粉在社区论坛发起活动后，小米会查看活动的发起帖，如果活动主题符合要求，小米将对该活动赞助品牌周边的“米粉”T 恤、手机壳、小米手环等产品。活动结束后，同城会的会长将在小米社区论坛上发布活动总结，将活动情况反馈给小米公司以及米粉。

2. 爆米花活动

“爆米花”与民间组织的同城会相比，更像是小米的官方活动。它往往比“同城会”的规模大得多，参与者多达上千人，少则几百人，是一场“米粉”的互动交流盛典。

说到郭军，很多小米社区论坛的用户都很熟悉他，他是小米社区论坛的运营经理，负责小米社区与“米粉”的互动，也是“爆米花”的主持人。小米官方每个月在不同的城市举行两次“爆米花”同城会。

活动开始前，小米会根据后台不同城市的用户数量来确定举办爆米花派对的顺序。确定后，小米将在论坛上登出宣传帖，用户可以报名参加。在每一次活动中，小米都会邀请 30 到 50 名用户在现场与小米工程师进行密切沟通。

在整个活动中，粉丝们通过交换手机使用体验、做游戏、唱歌、跳舞等增进了感情，还有抽奖、游戏、才艺互动等诸多环节烘托活动气氛。小米的联合创始人也来现场与小米粉丝互动，甚至还送出了雷军亲笔签名的手机……使整个活动的气氛达到高潮。

小米每月在全国各地定期举办多场爆米花活动，这种活动让米粉们紧密地联系在一起。

3. MIUI 社区线下聚会

与小米社区的“高调奢华”相比，MIUI 线上社区的线下活动显然低调许多。由于受众不同，MIUI 网络社区的用户群体集中在手机极客和“发烧友”，群体的特殊性决定了他们的聚集规模较小，主要围绕在手机技术上。小米在组织 MIUI 社区论坛的线下活动时，通常以研讨会的形式进行，让“发烧友”和手机发烧友充分互动以拉近彼此之间的距离。

实际上，网络社区的线上交流可以在很大程度上促进产品和品牌的推广，但只有通过加强线下粉丝的互动和联系，才能真正地将他们之间的情感统一起来，提升企业品牌形象和粉丝的参与度。这也是小米从线上的网络社区运营到线下的活动运营都值得广大企业学习和借鉴的原因。

04 新媒体用户运营的7个视角

用户是企业生存发展的基石，维护好用户，也就等于为企业的发展打下了良好的基础。

用户运营的本质，即产品与用户群之间的情绪管理，也可以称为这款产品的公共关系管理。运营人员以“管理员”虚拟角色和用户进行沟通，从而代言了产品形象，可以在为高端用户或群体用户提供客户服务的过程中，投入的资源更少，且情感附加值更好高，从某种意义上，极大地提高了用户的忠诚度，也提升了产品的品牌形象。

视角 1：新媒体运营的 3 大关键

诚然，在移动互联网迅猛发展并向二级细分市场深入渗透的大背景下。微信公众号对于今天的广大企业来说早已不再陌生。君不见上至纵横全球的跨国公司，下至自产自销的网店店主都建立了属于自己的专属公众号，而中小企业的公众号更是多如牛毛、数不胜数。然而奇怪的是，纵然有数量如此之多的企业公众号，但是其中真正在用户群体中树立巨大影响力并获得用户认可的“公众大号”却总是屈指可数。究其原因，就是因为大部分的企业只是意识了对企业公众号的组建，而在后续的运营过程中却有意无意地忽视了应当把握的关键。

俗话说：鼓要打到点子上，笛要吹到眼子上。既然掌握关键环节对于企业新媒体的发展成败如此重要，那么相关运营人员应该怎样做呢？从实践的角度来看，企业新媒体运营人员要把握经营中的关键，应当从以下三个方面下手（如图 4-1）。

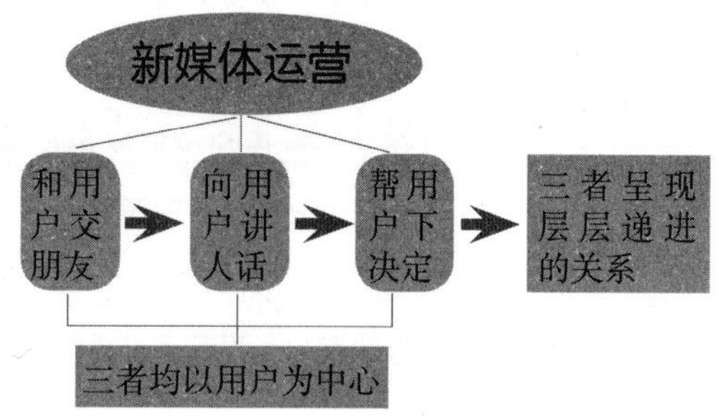

图 4-1　新媒体运营的 3 大关键

1. 和用户交朋友

正如雷军所说："只有真正与用户成为朋友，才可以真正得到用户的喜爱和良好的口碑。"无论是微信固有的社交属性，还是当今社会体验性消费的发展大趋势都要求广大企业通过官方公众号和用户交朋友。有很多企业公众号的运营者错误地认为：我的品牌响亮，我的产品过硬，所以用户应当主动来"求"我沟通，而我自己为了维护品牌形象和神敏感，应当和用户保持一定的距离，这是典型的传统企业营销的做派。

或许在营销的纸媒和电视时代，企业保持适当的矜持还可以激发用户的兴趣，但到了微信营销的时代，高高在上而不和用户交流的姿态只会让自己在消费者群体中越来越孤立。相反，只要广大企业能俯下身子，以交朋友的姿态与客户沟通，就可以在极短的时间内迅速激发用户的兴趣，获得用户的好感。在这方面，"芥末微报"可以说做出了有益的尝试。

芥末微报成立于 2015 年，目标人群为年轻人。现在，只要打开微信，使用"添加朋友"功能找到芥末微报的公众号，就可以赫然看到其名称下面的一句话："几个年轻人的生活和梦想"。这句话读来让人倍感亲切。在点击完关注之后，芥末微报公众号又会第一时间弹出一段欢迎语："20×× 年 × 月，你关注了我们，这件事对于你一定微不足道。可是你说会不会有那么一天，你真的喜欢上了'芥末微报'喜欢上了这几个 20 多岁的人，想和他们一起做有趣的事情。欢迎你，奇怪而有趣的人。"这段话看上去更有温度，就好似一位挚友的问候一般。

事实上，这种心照神交的感觉会伴随着用户对芥末公报公众号关注过程的始终：每天晚上十一点多，芥末微报会准时发布一篇文章，主题多以心灵治愈为主，而此时往往是年轻人最孤独寂寞的时候。在编辑团队的设置方面，芥末微报更是做到了贴近年轻人，无论是马先生，还是鱼小姐，不管是朱先生，还是芥末学姐，这些编辑人员都是在现实生活中活泼好动、思维活跃的年轻人。为了和用户直接交流，芥末微报还创建了自己的专属社群——“奇怪星球”。该社群在年轻人中有着不小的影响力。

成立距今五年的芥末微报在早已杀成一片红海的微信领域可谓是不折不扣的小字辈，但它却在短短的几年内迅速成长为了每年广告收入达到百万级的公众号。倘若深究其中的原因，“和用户交朋友”肯定是其中的首要因素，无论是最开始的公众号展示，还是日常的信息推送，用户都能在享受服务的过程中感受到朋友般的问候和温暖。这既是芥末微报把握住了“和用户交朋友”这个新媒体运营关键点的表现，同时也是其他企业公众号所应积极学习的经验。

2. 向用户讲人话

和传统的电视、广播等新媒体交流格局固化，且主要由内容的发布者来主导不同。以微信公众号为代表的新媒体行业目前总体还处于摸索阶段，行业内并没有形成一套固化的交流机制，无论是这边内容的发布者——公众号编辑人员，还是对面内容的接收者——用户都是具有相同话语权的沟通主体。所以为了能让用户对内容产生较大的兴趣，并认可相关人员对企业公众号新媒体的运营工作，企业就必须在发布内容以及和客户交流的过程中说一些通俗易懂的话语，而不应自把自为地将产品说明书和企业内部文件上的文字原封不动地抛给客户。

例如以“知识分享”作为主要经营内容的公众号，应当在创作文章或解答用户疑问时而把不为大众所知的专业术语转化成人们在日常生活中经常会用到的词语，把一些在实验室中才能模拟出来的景象和人们在日常生活中经常会遇到的现象联系在一起，从而更好地帮助用户理解。

从目前企业公众号领域内部的发展分化趋势来看，能够受到用户热烈追捧的企业公众号无一不在注意弱化自己在发布内容和对外交流时的专业性。那些标榜自己专业性很强的公众号往往会在运营中受限于自己过于复杂的理论知识，放不开手脚，最终没办法打开局面。而一些不怎么强调专业性的公众号由于思维的自由度较大，在日常运营中很可能会打破一些条条框框的限制，继而更务实同时也更富创意地发布内容、共同外界（如图 4-2 所示）。

广大新媒体运营人员在对相关微信公众号的日常运营中，应当积极践行互联网行业的“草根精神”，唯“接受度”是举，而不应唯“专业性”是举，只要能够为新媒体增加关注，只要能让用户赞同并喜爱，无论内容自身的专业性是否突出，都应当被纳入重点推送、重点宣传的考虑范围内。

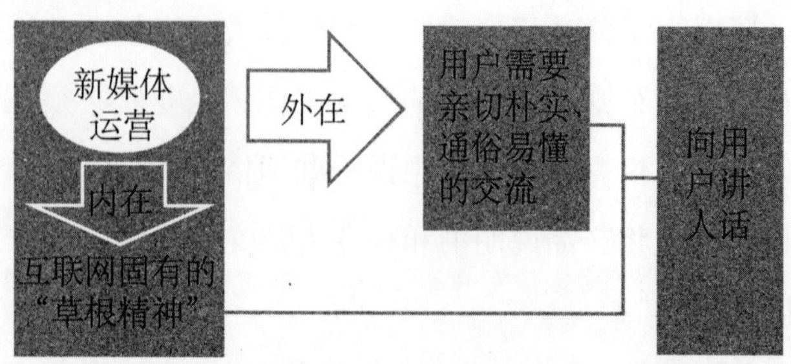

图 4-2　新媒体运营向用户讲人话的内在逻辑

3. 帮用户下决定

企业通过官方公众号进行营销推广，看上去只是多获取几个人的关注，或是多加几位在线好友那么简单。但实际上要想真正让公众号的用户为企业创造价值，提高公众号的运营水平，还需要相关的新媒体运营人员在实际工作中有敢于出击、敢于为客户做决定的勇气。广大企业公众号运营人员要在运营过程中时刻牢记一点：抓住一切可以抓住的机会让客户为公司的产品或服务买单。因为只有不断地帮用户下决定才能在运营中主动把客户“推着向前走”，而不是碰运气似的消极等待。

例如对于一个做书画收藏业务的微信公众号来说，其运营团队在向该领域的资深藏友和有收藏书画的潜在客户发送了书画界的最新资讯之后，就应当在第一时间试探这些用户的购买意向。对于有意下手的收藏者来说，与之沟通的公众号运营官应当明确告知：现在就可以购买。以便趁着用户对发布资讯尚有兴趣的时候购买与之相关的藏品。在完成了对客户购买意向的确认之后，相关的书画收藏微信公众号才应继续推送下一篇内容。

值得注意的是，无论是和用户交朋友，还是向用户讲人话，抑或是帮用户下决定，都是围绕着“用户”这个中心开展的。因此，相关企业公众号运营者应当在这三大关键的过程中时刻以用户为出发点和落脚点，这样才能让自己的日常运营纲举目张，同时让自己发布的内容阅读量猛增。

视角 2：吸引用户的 6 个方法

在当今这个移动互联网络高度发达的时代，众多新媒体平台如雨后春笋般萌芽并发展起来。因此，如何从众多的新媒体平台中脱颖而出，吸引到更多的优质客户，就成为广大新媒体从业人员需要认真思考的问题。

一般来说，新媒体平台想要吸引用户的关注，主要有以下 6 种方法（如图 4-3）。

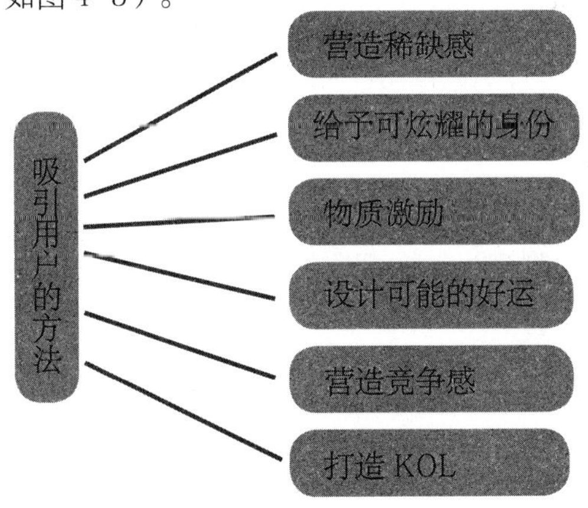

图 4-3　吸引用户关注的 6 种方法

1. 营造稀缺感

说到营造稀缺感，想必所有人都深有体会。我们经常都可以看到某某电商平台推出限时降价、限量销售以及会员限额领取之类的活动，正如一句话所说的“物以稀为贵”，稀缺的东西总能给用户带来巨大的吸引力。

2. 给予可炫耀的身份

人们通常都是这么认为的：不同寻常的身份，都可以享受到特殊的权益。例如一句“凡是参与本次活动的用户，即可尊享 VIP 权益”，这样能够让用户体会到更高的价值，从而让他们产生去秀、晒、炫耀自己的欲望，最终他们将自发地把它分享到社交媒体上。

3. 物质激励

有一种最直接有效的方法，那就是物质上的激励，它可以让用户主动参与进运营活动里面。最好的例子就是脉达的红包裂变营销（脉达传播数据平台），具体内容就是通过红包对用户产生吸引力，从而使用户主动打开活动页面，去分享、去传播，最终参与进营销活动当中。

对于那些想要扩大分享规模，提高活动影响力以及传播程度的活动，裂变红包就能够快速实现品牌宣传、店铺促销、活动吸粉这些效果。

而且脉达的裂变红包还可以对各类参数进行设置，其中就包括红包发放条件的地理位置、微信性别、阅读量、留电这类要求；还有红包金额、领取数量、裂变之后红包的持续时间等等数值，都是可以进行设置的。获取可以通过推文、海报等渠道，通过这类形式可以让用户更加深入到品牌活动之中。

4. 设计可能的好运

和买彩票这种可能性事件一样，人们通常都会希望自己可以碰到好的事情，拥有好的运气，因此一定概率的可能性事件，对用户来说有着非常大的吸引力。

比如许多的筛选选拔、好友助力，以及抽奖活动，等等，它们本质上都是对用户有着巨大吸引力的可能性事件，即用户可能通过参与该事件而获得某些好处。在不会产生任何损失的情况下，用户通常都会选择去尝试一下，心存一丝侥幸，也许“天上的馅饼”就恰巧可以落在自己身上。

在设计可能性事件的规则时，也是需要注意一下技巧的，得奖的概率相对要大，让用户可以真实地获得，这样更具说服力。

5. 营造竞争感

有一个现成的例子，那就是在 keep 里边，用户个人中心的等级中，可以看到和当前用户同等级的人数，比如现在这个等级有 154392 人，而更高一个等级只有 85188 人。那么每当用户看到更高一个等级比当前等级少了近一半人时，就会激励自己努力成为这能够脱颖而出的另一半人。

同时，那些微信步数排行榜之类的，以及主播之间打赏数量，等等，都是竞争感在发挥作用，是竞争感在驱动着用户主动参与进各种活动当中。

6. 打造 KOL

许多的社区都会培养出一个关键意见领袖，简称 KOL，这样做的目的就是要让那些高质量的用户感受到被尊重、被重视，让他们的自我价值可以体现出来，最终自愿地产出更多的内容，为平台进行免费的口碑传播。

所以，需要找出你的用户之中的 KOL，让这些 KOL 成为你的目标用户的代表，从而吸引更多目标用户。

通过以上介绍的六种方法，相信能够使新媒体平台吸引到更多的优质客户，助力企业的新媒体运营。

视角 3：用户运营的 3 个要素

直接与粉丝接触的人通常被称为用户运营人员，一般来说，所有的运营工作内容都是一样的，从吸引新的用户关注，到增加他们的活跃度，直到最后进行转化。

通常我们所知道的后台客服人员、微信群的管理员以及从公众号衍生出来的个人号，他们都属于用户运营。

要想做好用户运营的工作，必须做好三点：了解目标人群，清楚用户的生命周期，与用户建立关系（如图 4-4）。

1. 了解目标人群

如何了解目标人群？

——建立用户画像。这是用户运营工作的第一步。

要想建立用户画像，需要有大量的数据支撑，它们共分为

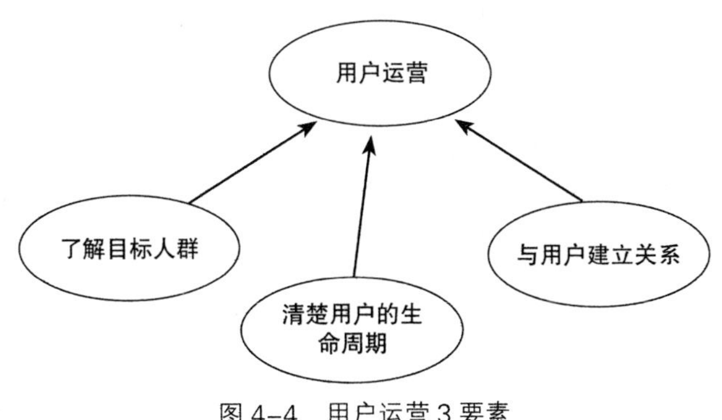

图 4-4　用户运营 3 要素

两个维度，一个是用户属性，另一个是用户行为。

一个用户的性别、年龄、地域、学历、收入、职业这些信息，都属于用户属性。

要知道，用户的性别往往决定着公众号的调性，也就分为理性和感性两种。

例如：一个公众号若是 80% 的用户都是女性，那么它的调性一定是感性的。因此在做关于公众号的选题、行文、排版、语气上都要做到感性。直男喜欢的那些内容，她们看都不看。

除了这些，公众号还要和用户进行适当的沟通，还要注意用户的年龄，根据年龄选择相应的内容。

而且用户要是有线下方面的需求，用户地域数据也可以为企业提供一个重要的参考指标。

同时，用户的学历、职业和收入情况也是内容变现的一个重要参考。

这里面存在一条鄙视链。大致上讲，用户的知识水平越高，相应的付费能力也就越强，但同时对内容也就越挑剔，这就需要打造优质的内容。

而反过来，假如目标用户的文化水平不高，哪怕内容做得一般，也能收获不错的传播及裂变效果。要知道，高质量的内容不是随随便便就能做出来的，最好把更多的精力放在其他方面的优化上。

公众号上会发生的用户行为，大概有阅读、消息的发送、关注、菜单栏的点击、取消关注、收藏、转发、点赞、打赏、分享到朋友圈、点击阅读原文、分享公众号名片，等等。

其中还有一对一的互动以及群互动，这些都属于用户行为。不过，这些暂时用不到。之所以要收集用户的行为数据，其目的就是要给用户贴标签。

贴标签的第一步就是要给用户分类，在这一步要弄清用户的结构。

用户结构一般都是根据年龄或是兴趣来划分的。当然，不同的账号，划分人群结构的标准也是不同的。

在给用户分完类之后，接下来就是要依照用户的行为数据，为每一个细分出来的用户类别贴上标签。

这样的行为在公众号上主要表现为选题、标题的关键词。

比如说要做一个母婴号，在前期整理出这样一份用户标签清单就显得尤为重要。用户最关心的那些问题，就是以后要做的选题。

至于那些关于电商、购买转换率之类的用户数据，在普通人看来会比较复杂，就不举例说明了。

只需要了解到一点，用户画像并不是用户周围围着一堆数据的图表，它并不是那么的死板。它对于你排兵布阵、纵横沙场可以起到指导作用。

2. 清楚用户的生命周期

关于微信公众号的运营，有一个“三个月魔咒”。具体来讲，就是一个微信用户从关注一个公众号到取关这个公众号或者是再也不打开它，通常只需要经历三个月的时间。

这也就意味着，微信公众号在这段时间内如果不能挣到这个微信用户的钱，那么三个月过后，也就永远地失去他了。

因此，了解一个用户的生命周期，以及转化、变现的步骤设置，在这里就显得尤为重要了。为了帮助用户更好地将生命周期延续下去，就需要为他扫清障碍，甚至设置一些陷阱。

所以需要了解每个阶段的工作内容，现在的工作重点是什么，哪些事情要放到未来去做，等等。

对用户的生命周期有了全面的了解之后，就需要围绕用户的生命周期，设置一条成长路径，以解决用户在不同阶段会遇到的不同问题。你能为用户带来价值，用户也会给你带来回报。

当你针对用户会遇到的那些问题，提出了许多解决方案，设计出了一条完美的用户成长路径之后，并不意味着就结束了，还需要每个运营人员都进行配合，一起来帮助用户解决问题。

3. 与用户建立关系

“商业的本质就是关系”，英文叫作“Business is

relationship”。其实对于用户运营人员来说，与用户建立关系也是极为重要的。关注你的用户人数，就是一个最为直观的指标。

许多拥有着微信大号的运营者都没意识到一个重要的问题，那就是收集大量用户的微信号，对于今后的发展会起到非常关键的作用。

在账号创立之初就需要将它纳入计划当中，这是为了以后考虑。至少要导入公众号 1/10 的粉丝到自己的个人微信上。乍一看似乎比较难操作，但只需要每天做一点，执行起来并不难。

牢记用户运营的三要素，并将它们应用到实际的运营工作中去，相信会对你的新媒体运营工作大有裨益。

视角 4：依附大平台开展用户运营

互联网是将注意力高度垄断的一个行业，所以大多数的企业都要依附于大平台。企业想要生存下去，都得走出这一步。

在这方面，爱彼迎无疑率先做出了有益的尝试。

爱彼迎是一家联系旅游人士和家有空房出租的房主的服务型网站，它可以为用户提供多样的住宿信息。爱彼迎成立于 2008 年 8 月，总部设在美国加州旧金山市。爱彼迎是一个旅行房屋租赁社区，用户可通过网络或手机应用程序发布、搜索度假房屋租赁信息并完成在线预定程序。

据官网显示以及媒体报道，其社区平台在 191 个国家、65000 个城市为旅行者们提供数以百万计的独特入住选择，不管是公寓、别墅、城堡还是树屋。Airbnb 被时代周刊称为“住房中的 EBay”。

但是，在爱彼迎成立之初，拥有着海量用户基数的克雷格列表无疑令人心生向往。

什么是克雷格列表？它是一个关于生活分类的网站，跟 58 同城有点像。1995 年，格雷格创立了这个免费分类广告的大型网站。虽然网站上的各种生活信息都是用文字密密麻麻的标注，但它依然是美国人最喜欢的网站之一。

有研究数据表明，手机用户最常浏览的网站就是这个网站，平均每个月都会在这个网站待上 1 小时 39 分钟。

时间截止至 2007 年 9 月份，该网站的服务范围已经涵盖到了 50 多个国家的 450 多座城市。

爱彼迎的三位创始人都清楚，现有的用户数量决定着他们所提供的订房服务是否能被潜在用户选择。

供方要发布信息，往往会选择那些潜在消费者最多的平台。同时消费者们也会倾向于在那些拥有着充足货品的市场下单。

因此爱彼迎想要从克雷格列表引流，以此作为基础用户的来源。

于是爱彼迎的工程师开发出了一个功能，能将用户在爱彼迎发布的信息同步到克雷格列表的网页上。具体流程如下：用户成功发布了信息之后，电子邮箱会收到一封邮件，告知用户如果将信息发布到克雷格列表上，每个月可以增加大约 500 美元的收入，只需点击一个链接，就可轻松完成。通常用户都会选择点击链接，这还能为他们省去多次发布同样信息的麻烦。

然后爱彼迎的人工智能会执行一系列操作，在拷贝用户内容的基础上，还会对内容进行一些加工，比如说输入当前所在的地理位置信息，还有将内容放在克雷格列表里合适的分类下。

爱彼迎的这次技术运营为其带来了丰厚的回报：许许多多的用户通过克雷格列表来到了他们的网站，他们在网站上注册了账号，网站上的信息也因此越来越多；还有许多原本是在克雷格列表发布信息的用户，也都转投爱彼迎的怀抱，因为在这个网站发布信息，最终也会出现在克雷格列表上；而原本的用户会变得更加依赖爱彼迎，因为在这里他们还能获得更多的收入。

爱彼迎在克雷格列表上还有一些特殊的操作，比如他们会利用克雷格列表的电子邮件通知系统来为自己打广告。爱彼迎会时刻检测每一条发布到克雷格列表上的招租信息，他们会模拟客户给屋主“留言”，目的是推荐自己的服务。

于是，克雷格列表的邮件通知系统就会向屋主发送这样一封电子邮件，内容如下：您发布的这则招租信息中的房间我非常喜欢，您可以试着把它发布到爱彼迎上，这样您每个月可以获得超过 300 万次的页面浏览量。

比起之前的技术运营，爱彼迎这样发送垃圾邮件的操作，显得有点降档次，但却让早期的爱彼迎，凭借着几乎零成本的优势快速成长了起来。

不过这样的操作很快就被克雷格列表发现了，立即展开行动将其封杀。

但不可否认的是，爱彼迎这种在没有资金做宣传的情况下，凭借着技术手段分享对手现有资源的做法，不失为一种攀附大平台的低成本扩张策略。

但寄生在大平台之下，终究不是个长久之计。无论规模如何，仍是要尽早搭建属于自己的平台。

爱彼迎在失去了克雷格列表这个“宿主”之后，其用户数量仍是呈现出惊人的增长趋势。

爱彼迎在 2014 年 5 月到 2015 年 5 月期间，仅用了一年的时间，就将用户的数量从原来的 1500 万，提升到了 3500 万。在到 2015 年夏季的时候，全世界已经有接近 1700 万人使用过这个点对点借宿平台。在过去的 5 年时间里，爱彼迎夏季的租客数量达到了原来的 353 倍。

谁能想到，这个在 2008 年夏天推出时，仅仅只接待了三名租客的平台，五年后能达到这种成就。

爱彼迎于 2015 年 7 月在官网发布了一篇文章，解释了公司的 Referral 系统是如何搭建与运营的，正是得益于这个系统，网站每天新注册的用户人数以及下单量增加了 300%。

让已经注册的用户邀请朋友前来注册，是很多网站以及软件常用的一种增加用户人数的方式。可爱彼迎的发展过于迅猛，它的邀请系统不足以支撑它充分的利用现有的用户和数据资源，而且只有网页端能使用邀请功能，移动手机端作为它的重要阵地，却存在缺陷。正是基于这种情况，爱彼迎的工程师开始对邀请系统进行全方位的改造。

正是得益于依附大平台，才使爱彼迎的用户量得以迅猛增长，而这一方式也为其他企业进行用户运营提供的新的思路，值得广大新媒体运营人员深入思考。

视角5：给“死忠粉”更多福利

什么要给予“死忠粉”更多？

因为人的交际是分圈子和分优先级的。即使有10000个人对你抱有一点儿喜欢，也比不上哪怕100个人爱你。

小米的论坛刚刚建立的时候非常的粗糙，他们的后台只有一个工程师，只是将开源论坛的代码简单配置一下，就在2010年8月16号上线了。

第1个月，在论坛注册的用户总共只有100多人，不过这100多人的种子用户却构成了小米论坛的基本盘。

小米在对粉丝进行管理的时候，做出了一个微创新，那就是F码。这里的F来源于英文单词“便宜”的首字母，目的是让小米的死忠粉们在未来能够第一时间体验到他们的产品。

这就是所谓的“死忠粉”优先。小米之所以设计这个F码，也就是为了解决这个问题。F码其实也是朋友邀请码，英文写作FriendCode。小米还为这个F码特意开发了后台系统，小米的用户可以通过这个系统领取到 F 码，然后到小米的电商平台，优先购买他们的产品。

在这之后就有一些企业开始跟风，不过却学不到其中精髓，效果非常不理想。

最初是为了让“死忠粉”优先，才创造出 F 码。没有理解“死忠粉”这层关系，就去发放什么码，是培养不出用户与企业的这种关系的。

要真真切切提高粉丝的参与感，就必须要设置用户特权。在保留住基本盘的基础上，其他的一切自然会慢慢有的。

广义上我们所说的粉丝一般指的是关注数量，那么对微信公众号这种新媒体来说，什么才是“死忠粉”？

只是订阅账号，但却不打开文章的叫作路人。

订阅了账号，但只是偶尔看看文章，却不留言的，我们称其为观察者。

经常查看文章，同时也经常留言互动的，才能被称作关注者。

经常查看文章，而且还愿意为之赞赏付费的，是追随者。

经常赞赏，还添加了私人微信，甚至愿意付费购买你提供的服务，这是真粉丝。

会花费大量的金钱购买你的服务，同时还会进行线下交流的，这是“铁粉”。

会主动为你做推广，而且非常推崇你的产品、服务以及观念的，这才是“死忠粉”。

那么对于一个产品而言，怎样才算“死忠粉”？一个问题就可以见分晓：他会有多大程度主动向他身边的亲戚朋友推荐你的产品？分数从 0~10，0 分是完全不可能去推荐，10 分是百分百会推荐。只有达到 9 分或 10 分的才算是“死忠粉”。而对产品进行褒贬，那是真买家才会有的行为。在进行调查时，不要担心有埋怨，这是买家希望产品能够得到改进。

100 个“死忠粉”每个至少能吸引三个“铁粉”，而 300 个铁粉就能吸引来将近 1 万个“墙头草”。 在此基础上就能够进行“种群繁衍”了。种群开始繁衍之后，就能够保证新增“粉丝”速度远远超过掉粉的速度，产品就能够在市场上占有一席之地，找到自己赖以生存的基础。

所以，你看那些网络红人，哪怕他们的社交媒体账号被清理了十几次，仍是能在近百粉丝的簇拥下“重生”，紧接着在很短的时间内又聚集起上万的粉丝。这种人在网络上的生命力，甚至比那些坐拥上千万粉丝的明星要来得更加强大。

由此可见，在新媒体时代，“死忠粉”的力量是极其强悍的。如果能够拥有一批死忠粉，那么对于品牌的运营来说将起到事半功倍的效果，因此，给“死忠粉”更多福利，吸引更多的死忠粉，就成为做好新媒体运营必不可少的一个步骤。

但是还有一个关于粉丝质量的悖论，你要想拥有足够多的死忠粉，在此之前必须要先有一个庞大的追随者基数。

视角 6：微博吸引用户的 4 条铁律

在微博刚刚兴起的时候，它是作为论坛的一个非常好的补充。而发展到现在，微博已经成为世界上最强大的中文社交媒体，称得上是社会化媒体的第一网站。

所以，我们需要将微博账号当成一个网站一样去运营，也要像运营网站里的频道一样去运营微博话题。具体来说，可以从以下四个方向下功夫（如图 4-5）。

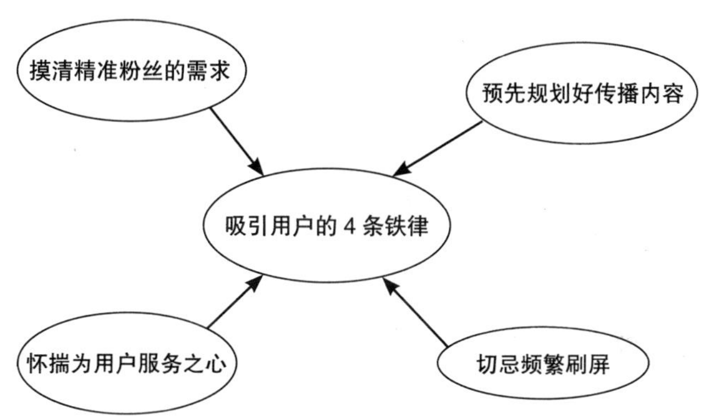

图 4-5　微博运营 4 铁律

1. 摸清精准粉丝的需求

微博这个平台其实非常适合运作官方微信，来进行产品展示、销售，让客服和用户交流。如果利用得好，你将以最小的成本向数以亿计的用户推广你的内容，在他们生活中形成热点话题。

即使你卖的是服务器、芯片或者光纤这些比较小众的产品，一切也还是基于你的粉丝。只有拥有足够多的粉丝，你所生产的内容价值才能得到体现。而你的粉丝之所以被你吸引，关注你，追随你，拥护你，是因为：你提供了他们所需要的东西。

而你要提供他们想要的、需要的，你显得摸清楚他们的需求。

2. 预先规划好传播内容

不管你选择的是走渠道还是做内容，要想成为微博热门，内容都是必不可少的东西。要想微博能够得到长久的运营，切记不可大肆宣传空泛无内涵的内容。通常官方微博发布的内容都是些即将推出的活动，企业的最新消息，新的技术和产品发展之类的消息。要保持与公司的高度契合，不要随随便便转发一些和公司无关的内容，这会使得粉丝群体变得分散。

3. 怀揣为用户服务之心

端正好心态，用饱满的热情，真诚的服务用户，胜过一切转发抽奖。只要做好这些，哪怕你从来不搞什么转发抽奖活动，也能积累起口碑，缓慢但却能稳定的增长粉丝。

而如果你从来不与用户进行互动，对于他们的投诉也爱答不理，只是时不时搞个抽奖，粉丝是不会对这样的官方微博抱有忠诚的。虽然在短时间内可以靠搞活动来提高粉丝数量，可只要活动一结束，刚刚获得的粉丝数就会立即下滑，花再多钱也是没用的。

另外，对于粉丝的每一次@以及每一条评论都要认真对待。

4. **切忌频繁刷屏**

人与人之间的交往需要遵循一些基本的礼仪，在微博上也有这样的基本要求，那就是不要刷屏。

许多企业在刚刚开始做微博运营的时候，都很难做到不刷屏，就好像不频繁地发微博，就没有存在感一样。其实很多微博上的意见领袖都早早地把这样的企业拉黑了。

而小米在刚刚开始运营微博的时候，就设置了一条红线：任何账号每天都不可以发超过 10 条微博——除了遇上有发布会直播这样的大活动之外。

微博具有媒体属性，你一个小号所发的内容，可能经过大号的转发，让成千上万的人都能知晓。

举个例子，你可以利用事件营销，花费极少的代价，将微博作为主战场，迅速在全国打开知名度。

不过微博上的关系毕竟较弱，还是需要微信来沉淀品牌以及和用户进行沟通，而且微信还较为私密，许多的运营活动，更适合在微信进行。

可以通过实时监测微博的关键词搜索，及时发现自己企业出现的问题。为此，一些企业还设置了“首席微博监测官”这个职位。一旦发现任何问题，就通过微信联系相关负责人，马上做出改进。而基于天然的通讯录好友关系，微信不适合当运营平台，它更适合做服务平台。

所谓的人类进化史，其实就是一部关于工具的发展史。

所以我们要善于利用最新的工具，来达到吸引顾客，转化顾客以及服务顾客的目的。

视角 7：QQ 空间用户运营的 3 大诀窍

QQ 是 00 后、05 后常用的社交软件，在近年来越来越受到重视。QQ 空间的产品形态和微博有着高度相似，同样具有转发与传播的属性，非常适合用来做用户运营。在运营 QQ 空间时，要需要注意三个方面（如图 4-6）。

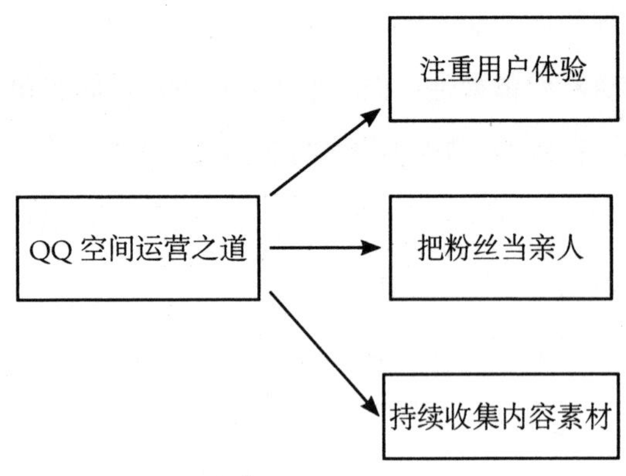

图 4-6　QQ 空间运营之道

1. 注重用户体验

通常一个粉丝进入你的空间后，会先看你的个人资料，然后看相册，看说说，看日志。这些都要事先设置好，塑造一个充满正能量的形象，让人感到真实可信。

专业的运营人员，要能站在用户的角度思考问题。如果空间里出现了恶俗的广告，要立即删除它，要营造出一个拥有良好生态环境的空间。

当把用户体验做到极致之后，自然而然会形成良好的口碑。

2. 把粉丝当亲人

QQ 空间积累起一定的人气以后，要时不时地开展评论有奖活动，以此鼓励粉丝们评论转发，以提高他们的黏性。粉丝不进行互动，就不能被称作流量。设置的奖品不用太贵，但必须要新奇有趣，或者经济实用。

记住：互动的出发点，就是要把粉丝当作亲人一样来对待。

在日常当中互动也很重要，具体到每一条回复。一开始，尽量每一条留言都去回复。发展起来之后就挑选一些留言重点回复。积极的分享内容，热情的回复留言，你就能和粉丝慢慢成为朋友。

3. 持续收集内容素材

QQ 空间主要就是三个内容，说说、相册和日志。说说和相册都是能够在短时间内收获大量流量的，轻轻松松就能成百上千。而日志如果能达到几百的浏览量，那么就证明你已经有了几千的粉丝了。

要想利用 QQ 空间做到病毒式营销，关键是得用好转载和分享功能。把内容做好，自然可以让别人疯狂转载。想想看，我们平常看到好的图片、幽默的段子，是不是会立即把它从平台上复制下来？平时生活中要多积累图片作为 QQ 空间的内容配图，这样可以有效地减少寻找素材的时间。

红米手机在上市的时候，就利用了QQ空间的用户运营，取得了非常火爆的销售成绩。

使用QQ空间的用户群体大多是25岁以下的。有数据表明，QQ空间的用户非常喜欢上传图片，其中有70%都是他们自己拍摄的照片。而红米手机的定位恰巧就是年轻人，靠着定价和同价位中较高的硬件配置吸引年轻用户。

QQ空间在当时已经在国内运营很久了，有着异常庞大的年轻用户群体，远远超过了同时期中国互联网上的其他应用博客类产品，覆盖的人群高达1.3亿。

小米的新媒体运营在那之前，仅仅是在自己的论坛和新浪微博上展开。很快他们就发现QQ空间上，同样聚集了很多对价格以及性能敏感的年轻群体，恰好属于红米手机的目标用户。

QQ空间面对如此庞大的用户群体，对于如何探索新的业务，发掘围绕SNS的新商业模式，就差一个很好的引爆点。因此QQ空间并没有得到营销业内应有的重视。

小米为了能直接面对红米的目标用户群体进行营销，与腾讯达成的合作，在QQ空间首发红米note。在2013年7月29日的下午，一张关于“小米千元神秘产品QQ空间独家首发”的图片被突然发布到了网上。

整个业界都对这个悬念展开了关注与猜想，甚至有媒体在当时猜测腾讯是否要入股小米。

这一场营销活动让红米一举创下了1500万人次的网络预

约新纪录，仅仅过了半个小时，就有超过 100 万的用户参与到了红米的价格竞猜活动当中。红米手机借助 QQ 空间彻底引爆了市场，成为现象级的产品。

红米开放预约后的第 3 天，就累积超过 500 万的用户参与预约。到了 8 月 12 日，红米手机的第 1 次发售日之前，已经有超过 745 万来自 QQ 空间的用户预约了购买红米手机。

于是整个 QQ 空间用户上传照片中的安卓机型，排名第一的手机变成了小米。小米手机在红米手机发售之前，QQ 空间的粉丝数量为 100 万。

到了红米手机 8 月 12 日发售结束之后，小米手机在 QQ 空间的粉丝数量已经突破了 1000 万。

到了 2014 年 3 月，小米与 QQ 空间再次合作，发布了红米 note 手机，预约人数多达 1500 万，同时小米手机的 QQ 空间粉丝数量也突破了 3000 万。

微博上的大多数用户都觉得自己是意见领袖，喜欢到处发表观点。而 QQ 空间的用户更喜欢通过点赞，单纯地表达自己对某件事物“知道了”或者“还不错”的感觉。

QQ 空间还具备一个特点，那就是比较开放，里面用户对外部链接的点击率非常高，通过大量的点击链接导入到销售官网，可以为公司和企业带来直观的流量。

05 新媒体产品运营的 5 条军规

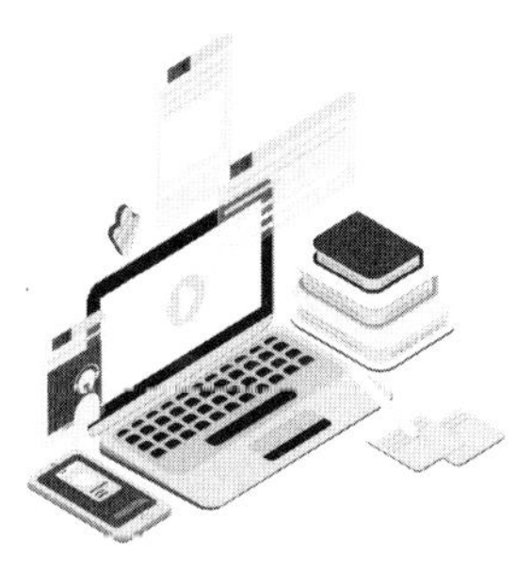

把一个产品推广出去，这不叫产品运营，叫商品销售。对于新媒体运营人员来说，产品运营是非常重要的一项内容。很多内容型的产品，不管是网站还是 App，都需要产品运营。

军规1：好产品需要运营人员参与策划

如果把产品比作一个孩子从出生到成长的过程，那么产品经理则相当于孩子母亲的角色，运营人员相当于孩子保姆的角色，承担了养大一个孩子，并让他茁壮成长的责任。所以说，好的内容型产品，一定离不开运营人员参与策划。

首先，产品运营必须建立起内容的标准，明确区分哪些是被提倡的好内容，哪些是不被提倡也不受欢迎的内容。

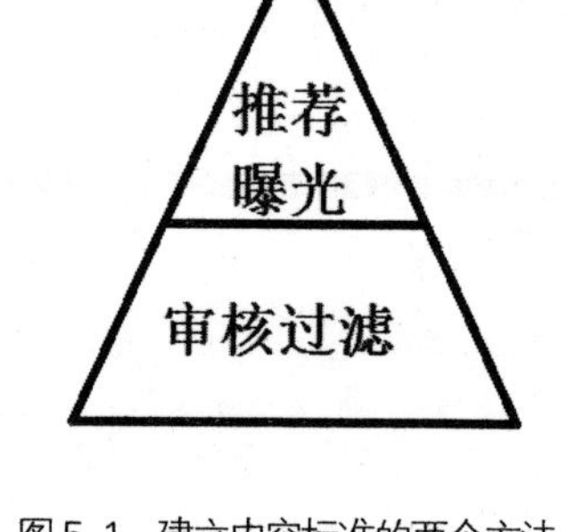

图5-1 建立内容标准的两个方法

可以通过两种方法来建立标准（如图5-1）：第一个方法是审核，过滤掉不适合的内容；第二个方法是推荐，将优质的内容通过人工筛选的形式，使其呈现在重要的位置，从而增加曝光率，以达到传播产品的内容价值的目的。

不同于以往的编辑工作，除了流量之外，产品内容价值观的普及也是运营人员追求的目标。这一点类似于通过内容价值观将用户群筛选出来，将趣味相投的人聚在一起的网络模式。

内容型产品主要分为两大类，一种是包括微博、论坛、SNS等的UGC（用户产生内容）型，另一种是传统门户网站等媒体型。

不管是针对哪一种类的内容型产品，都需要运营人员采取“两板斧”（审核 + 推荐）的形式对产品内容加以掌控。

运营人员在针对 UGC 型产品进行运营时，需要在维护符合产品价值观的内容氛围下，引导用户群自发产出合适的内容。

最好的测试工程师除了做好自身岗位之外，他还必须是一个很好的开发工程师；同理，最好的产品运营人员也一定是一个非常好的产品设计师。

运营人员之所以能在这一方面为策划人员带来很大的帮助，是因为他们既能理解用户的需求，又能理解理解产品的结构。基于这一立场，他们可以提升产品设计上的可靠性。

我曾经做过一项调查，把策划部门的每个设计，都事先提给运营部门去做效果预测，最后得到的结果是：质量很高的产品，都是运营部门提出建议后加以修改的。

因此，当策划部门无法准确把握住用户需求，或出现了意见分歧，都可以依靠运营部门的用户访谈内容，作为客观的裁决依据。

军规 2：发掘产品的话题属性

苹果公司出品的某款 iPod 播放器，只有口香糖大小，颜色也花花绿绿，像极了口香糖。

该项目的产品经理灵机一动，在说明书的最后写了四个字：请勿吞服。这下子引爆了社交媒体，整个网络都在议论这件事，无论是博客、微博客，还是视频网站。甚至有杂技演员在视频网站上直播吞服这款播放器。

说明书上短短几个字，却在各大新媒体平台引发了一场大讨论，这正是深入挖掘产品话题属性的结果。

并不是所有话题都能激发人们分享和讨论的冲动。通常，我们会比较倾向于分享那些可以使我们的形象看起来好玩、有趣的内容，因为分享本身就代表并定义了我们自己。

崂山“白花蛇草水”。是一种饮品被网友称为有“馊了的草席子味”的暗黑饮料，却在互联网世界火了一把。

为了赚取外汇，中国在1962年批准崂山汽水厂出口矿泉水，同时针对东南亚市场需求开发了全新的一款草本饮料——白花蛇草水。

在夏天用白花蛇舌草泡茶或者加入凉茶中饮用，是中国两广、福建以及港澳、新加坡华人的习惯。这款饮料还加入了车叶草、鸡屎藤等中药成分。因此，直到2013年，卫生部才同意白花蛇草水可以作为普通饮料向全国销售。

“史上最难喝”成为关于这款饮料最具共鸣的“饮后感”。随着这个话题在网络上被引爆，崂山矿泉水公司也因势利导，顺水推舟，将这个话题推向一个新的热度。更多的顾客开始关注这款饮料，带着好奇与挑战的心态尝试这款饮料。

很多大品牌也热衷于“玩”，比如海尔通过洗衣机立币大赛（在高速运转的洗衣机上将硬币立起来），泸州老窖推出了一款外观像香水瓶的香水酒，可以喷还可以喝，可口可乐推出的化妆品套装，肯德基推出的炸鸡味唇膏……

这类好玩有趣的产品，人们热衷于在朋友圈分享。而分享的过程，就是传播的过程。

军规 3：产品细节决定运营结果

“泰山不拒细壤，故能成其高；江海不择细流，故能就其深。”细节看起来微不足道，但做好每一个细节就能成就完美；小事看起来可有可无，但做好每一件小事就能成就大事。完美的用户体验也是如此，体现在产品的主要性能指标上，更体现在每一个细枝末节上。

雷军创建小米时，团队成员仅有 14 人，但发展到现如今，小米旗下的员工已多达几千人。但让业内很多人不解的是，雷军依然用小公司形式运营着小米。为什么？最重要的一个原因就是雷军希望以小项目团队的方式把产品的细节打磨到极致。

雷军是一个十分注重细节的人，雷军的朋友、也是百度前市场总监毕胜描述首次见到雷军的印象时用了四个字来形容：“一尘不染。”毕胜注意到，雷军会在抽完一根香烟后，用手将散落在桌上的残余烟灰拂进烟灰缸里。

雷军的不少朋友都承认，雷军做事一丝不苟，关注细节，追求完美。对于小米手机，雷军更是有着近乎极致的完美主义情节。就拿小米手机的包装盒来说，看似只是硬纸皮的包装盒是并不简单，其能承受的载重达 85 公斤以上。很多人不知道，小米手机的包装盒采用的是整体绿色环保包装，内包装为白色纸浆硬架，外面采用的是极厚的牛皮纸工艺，所有外壳能100%降解回收。更重要的是，这样的包装盒能保证小米手机在运输过程中不受到任何外力的损害。

仅仅一个手机包装盒就将细节做到如此完美，这让很多小米用户赞叹不已。当然，不仅是包装盒，如雷军所说："小米手机的每一个细节，每一个螺丝，每一个配件都会做到极致！"当然，小米的用户体验也做到了极致。

如今有很多产品改变了我们的生活方式，但真正改变世界、真正有影响力的品牌却不多。而纵观那些有影响力的品牌，都离不开对细节的雕琢。

苹果完美的用户体验同样是从细节开始的。当很多人都在探究乔布斯这个"改变世界的天才"成功的秘诀时，美国一家投行资深分析师保罗说："近乎变态地注重细节才是乔布斯的成功秘诀。"

据与乔布斯一同工作过的人说，为了 OSX 系统界面的重新设计，乔布斯经常会将鼻子贴在电脑屏幕上一个像素一个像素地进行比对。乔布斯对产品的所有细节及其带给用户的体验十分关心，他对工作的伙伴说："要把图标做到让我想用舌头去舔一下。"乔布斯就是这样，不管是产品设计还是软件、硬件，抑或是系统运行等，任何一个细节他都不会放过。

为了制造工艺上的完美，苹果规定 iPhone4 主要零件的合缝间距不得超过 0.1mm，以免打电话的时候夹到用户的头发；

为了运营推广中的完美，乔布斯曾亲自让广告代理商改掉某个广告文案第三段中的一个字；为了让用户走进店面时有更好的体验，他曾 3 次改变所有苹果店内灯光的布置，以使产品看起来熠熠生辉……

在管理当中也是如此。《财富》杂志曾授予乔布斯“十年商业人物”的桂冠，并将他的管理风格称赞为“难得地将细节管理和全局视野结合起来”。据乔布斯周围的人描述，与其说他是公司的 CEO，不如说他是公司的最终顾客，苹果公司描述说“他是一个让人最为发怵的顾客，一个咄咄逼人，要求极高，有权冲你吆喝，甚至当场吵你鱿鱼的顾客”。

的确，乔布斯是一位咄咄逼人、要求严厉、高度重视细节的管理者和控制狂，但他所做的一切都是为了提升与公司顾客界面有关的细节及其带给顾客的体验，他说，“我们对用户体验负全责”，在他看来，企业战略从顾客走进店面就开始了，当然，用户打量产品包装、打开包装然后试用产品等等细节都包括在内。

乔布斯对世界的评判永远是极端化的，在他看来，产品要么“酷毙”（insanely great），要么就是狗屎（shit）。乔布斯高度关注产品的细节以及与产品相关的任何东西的细节，确保苹果产品人见人爱的，正是他近乎极致的细节完美主义。

乔布斯天才的细节设计以及他对顾客产品体验细节的痴迷关注甚至引起整个行业的变革，深受影响的人当中就包括雷军。

这是一个精细化管理的时代，更是一个精细化运营的时代，一个产品，只有在细节上做到完美，在用户体验上做到极致，才有可能成为伟大的产品。一家企业，只有把小事做好，把小细节做好，才能成就大事，成就完美，才能在用户认同的基础上获得良好的信誉和口碑。

军规 4：产品运营需要工匠精神

基于移动互联网时代巨大的传播效应，运营过程被很多人、很多企业放在了空前重要的位置，以为有炒作的空间和话题，就能完成用户规模的积累。

实际上，粉丝数量对于运营而言，只意味着有一个好的扩散的基础，如果想要形成真正的扩散，产品才是最重要的。

世界上从来没有任何一家企业能在产品质量不过关的情况下，仅靠运营就做成规模，做到基业长青。历经沧桑的百年老店不能，互联网时代下的新兴企业也不能做到。产品是一切的基础，这一点毫无疑问。

电子产品竞争的核心在以往来看，常常是指对渠道资源的占领。当时企业最真实的写照就是“得渠道者得天下”，这一方面印证了当时中国物流通信体系的不完善和高昂的终端造价成本，令生产厂商无法做到直接面对终端消费者，企业与消费用户之间的产品交付必须借助某些渠道的帮助才能完成。

但是，移动互联网的出现及其迅猛的发展势头渐渐纠正了信息的不对称性，为这一情况带来了转机，厂商能直击终端消费用户，销售渠道由原来的多层级渐渐变得扁平化，让产品随着新兴的电子商务企业的发展，逐步渗透到了居民消费的观念里，此外，厂商们越来越需要从产品和服务的本身出发，解决或多或少的产品过剩问题。用主动去迎合消费者的方式，取代以前只顾着低头生产产品的做法，可也更好地激发了消费者的购买欲望和兴趣。

运营在互联网时代，“产品至上”已经逐渐替代了曾经的“渠道至上”。

当消费者成为新媒体运营的主角时，他们的需求欲望可以快速得到释放和满足。

这里所说的产品，不仅仅是有形的物质产品，还宝库精神层面的产品。

只有在产品上培养出一种极致的思维，企业才可以在“产品至上”的时代获得大量消费者支持。

工匠的精神就是极致思维的内涵，他们对做好产品有着强烈的欲望，对产品质量有着极致的专注和追求，这也成为产品研发者精神的内核。

美国苹果公司已故的联合创始人史蒂大·乔布斯，就充分发挥了工匠精神的典范，苹果公司在他追求极致精神的带动下，从绝境中带到了成功的巅峰，引领了国际高端智能移动产品界的潮流。

这种工匠精神应该更多地灌注到移动互联网时代的产品中，并且在工作中也保持这种专注和追求极致的精神。

在中国消费电子厂商中，魅族品牌是一个特殊的存在。

魅族科技有限公司于 2003 年 3 月在珠海成立，是主要从事电子产品研发、生产和销售的电子科技研发公司。

在最开始的四年时间里，魅族的主要产品是高品质 MP3 音乐播放器。直到 2007 年，魅族开始拓展手机研发工作。就在这个时候，魅族聚集了一批粉丝“魅友”，开始一路追随魅族的脚步。

魅族是一个名副其实的完美主义者，也正是魅族对产品品质的完美追求，让消费者感受到它是一家拥有远大抱负的企业。

曾经在生产高品质 MP3 音乐播放器时，魅族就换了与其合作多年的音频解码芯片供应商，对此魅族给外界的理由就是：“有更好的芯片，我为什么不用你呢？”

就这样，魅族在国内率先采用质量优越的芯片，改变了国产 MP3 音乐播放器品质低价廉的形象。

随着电子产品市场的飞速发展，很多电子厂商，都采用虚假宣传的方式吸引消费者，而魅族从来就没有宣传自己的产品是采用国际五百强企业的硬件，但是我们在很多网站的拆机评测中可以清楚地看到，魅族的手机硬件配置均来自国际一流的供应商。

在魅族科技公司，研发人员对他们制作的“产品”无比热爱，“产品”对于他们来说远比收益重要，研发人员是对科技与技术的痴迷与热爱的一圈人，对研发人员来说精益求精只是最基本的素质。

换个角度来说，研发人员对“产品”就如同艺术家追求艺术一样，企业就是要像对待亲人一样对产品和服务倾注感情，才能俘获消费者的心。

只有把用户体验做到极致，让用户体验之后不会淡忘，才能赢得消费者的信任和依赖。

Web 3.0 时代是一个以消费者为核心的时代，互联网的特性让信息时间和空间层面的不对称性被打破，让用户的转移成本变得非常之低，不再有用户不得不接受企业的服务态度，用户可以随意选择自己喜欢的产品，企业也只有做出好产品，给用户好体验才能留住客户。

IM（即时通讯服务）工具是互联网时代最受人们重视的应用之一，腾讯帝国的建立就是凭借即时通信工具 QQ 的成功。

MSN 曾经是全球用户最多最大的 IM 工具，源于微软的贵族血统，是业界典型的“高富帅”，白领人群首选 MSN 这一高端 IM 工具，而用 QQ 的人会被瞧不起。

但是随着时间的流逝，2012 年，微软公司发布公告，将在全球范围内以 Skype 全面替代 MSN。而中国市场 MSN 产品却不会发生迁移，原因就在于腾讯 QQ 的崛起，打败了 MSN 占领了中国 IM 市场。

与 QQ 的客户体验相比，MSN 在用户体验上做得很失败：频繁地掉线、信息丢失、文件传输限制、病毒链接多、垃圾信息多等。

MSN 存在的这些让人头疼的问题逐渐让用户的注意力转

移到 QQ 身上。

腾讯一直在改善用户体验，为了方便工作时聊天，QQ 可以隐藏面板，有新消息时会有闪动提示，而且用 QQ 邮箱能发送超大文件同时还支持文件的断点续传。

如此多的新体验让许多 MSN 用户看到了新的选择，于是纷纷投入腾讯的怀抱。

只要是公司都或多或少都会有一些顾客，较为优秀的公司将会拥有比较大量的用户群体，最为优秀的公司则拥有着一群忠实的粉丝，而会说话的粉丝对于好产品而言就是最佳的代言人。

为什么会有“好的产品是会说话的”的说法？因为互联网时代已经是“产业媒体化，人人都是媒体”。在这样的时代，媒体传播的方式已经不再是传统意义上由上而下的传播，而是逐渐地扁平起来。

在网络上任何有独特影响力的用户，都会如同一个媒体一样，无论是认证名人、有大量粉丝的微博大号、微信上的公众账号，还是非常普通的一个用户，都有着成为新媒体的机会。

网络让人们通过不断转载的方式自由快速地传播各种信息，互联网企业不需要广告投入，只要有好的产品，让用户满意，用户就会成为企业最好的“广告”。

果粉（苹果公司的忠实粉丝）和米粉（小米公司忠实的粉丝）为什么会自发地为苹果或者小米产品去助威呐喊，帮助其扩大影响力呢？原因就在于他们认为他们所使用的是一个非常好的产品。

企业只有在如关注点、满足点、兴奋点等方面解决了用户的需要，并且让用户有极致的产品体验，所以用户才愿意愉快地和网友们分享满足需求的快感和荣誉感。当分享的数量累积到一定程度，就会吸引更多的人成为这一品牌的粉丝。

而分享用户体验而“引爆潮流”的关键就是用户之间的信任背书，无论是朋友圈的坚实关系，还是各类微博、贴吧的陌生人之间的交流，基于当代消费者感性消费的主流特征。

假如有一个朋友或网友说某个产品好，那么就会在其他用户心中留下好奇的种子，促使其主动关注这一产品。而再次遇到这个产品的粉丝，也许就愿意去购买或使用这一产品。

对一个产品的体验指数，只需要看产品在用户在朋友圈或其他网络社交平台评论和转发的次数就可以窥知一二。

在这个网络经济的时代，消息的传播速度和范围都是空间的，再好的运营终究还是要靠产品来说话，靠用户体验来说话。没有好的产品，不提升产品的消费价值，产品运营就是一句空话。

对于产品来说，质量就是生命；对于企业来说，口碑就是生命。产品好比是一把“双刃剑”，既卡着用户的需求，更卡着企业的命脉，而不过关的产品只能让企业生命岌岌可危。

正如管理学家迈克尔·哈默所说：“豪华大巴司机的微笑永远也不能替代汽车本身。”

随着互联网经济的不断发展，消费者更重视他们所得到的最终结果，产品运营最终还是要靠产品品质来说话！请记住，商场如战场，产品才是终极武器，要想在新媒体经济时代取胜，就必须从让好的产品自己去说话开始。

军规 5：优秀的用户体验是终极目的

随着社会化运营的普及，很多企业都开始在运营传播上下血本，但所取得的效果却并不理想。

那么，为什么品牌和产品已经摆到了消费者面前，消费者却不买账呢？

究其原因，很大程度上就在于在用户体验没有做透，所以，即便广告狂轰滥炸，消费者仍旧会因为没有体验到产品或者产品体验不佳而拒绝购买。

不管你相信与否，我们所处的社会正在逐步走向体验经济时代。消费者的消行为已经不仅仅是购买产品，他们同时也是在通过时间和金钱的消费来享受企业所提供的一系列值得记忆的事件，毫无疑问，“体验”已经成为一种新的价值来源。

所以，对于企业来说，要想吸引消费者，首先就必须与他们建立一种值得记忆的、个人化的联系，即营造一种体验的氛围。

“用户体验”也是雷军经常挂在嘴边的一个词，一切为了用户的体验，这是雷军在很多场合对小米产品的阐释，当然凭借着“体验做透，方案优雅”的理念，小米大大拉近了与粉丝之间的距离。

业内人士评论说，小米最值得一提的运营秘籍就是为客户打造的“可感知体验”。

据说，小米 3 在上市前经过了严密的测试，为了保证触摸屏的高灵敏度，小米产品团队购买了各种材质和厚度的手套一遍一遍地测试。

还有一个小故事。很多人都知道，黎万强曾是狂热的摄影爱好者，为凸显小米电视的外观色彩设计，他从摄影的角度想出一个办法，专门将发布会的体验区进行了装潢，并根据用户的不同使用场景设计了八种色调，这就在体验上给用户以身临其境的感觉。

当然，这些都是小故事，米粉们看到的只是光鲜亮丽的发布会，看不到这些万众瞩目背后的故事。但是，用户体验时米粉是可以触碰的、是可以感知的，而小米团队这些尝试最大的意义也就在于此，它在悄无声息当中就提升了产品的用户体验，赢得了米粉的信任和尖叫，同时也拉近了与粉丝的距离。

显然，将用户体验作为运营利器比强调多少个核、性能能跑多少分等冷冰冰的指标杀伤力要大得多、强得多。

在这里，我们不妨总结一下雷军做小米产品的方法论。

第一，清晰的定位，典型的就是“低价高配”“首发”“最快”。

第二，疯狂的定价策略，小米的定价一度“把自己逼死，把对手逼疯”。

第三，也是最重要的一点，那便是成功黏住用户的可感知体验，也正因为如此，小米产品才拉近了与消费者之间的距离，引发用户不断尖叫。

不过，小米并不是首家基于用户体验设计产品的企业，即使是雷军偶像乔布斯的苹果公司也不是。但是，苹果公司的客户体验升级模式在果粉乃至大众眼里都构成了更好的用户体验，也让用户离苹果更近。

苹果素来以科技感受和用户体验为主，即使是一款小小的耳机，也会在设计上力求提供完美的音质和低音效果，确保用户体验的安全舒适，即使在嘈杂的地方也能继续享受至纯的音质。

进入过苹果店面的人应该都有这样的感受，苹果直营店内的环境设计与其他 IT 电子产品的店面不太一样，里面的桌架看起来朴实无华，但细看各种产品的展示和使用，没有人不觉得恰到好处。

很多人说，即使是用户在直营店中购买了苹果产品后的手拎购物袋，同样能带给顾客一种绝无仅有的体验……

这就是苹果升级的用户体验模式，在设计方面更简洁，用户的界面更友好，产品的外观更高雅，使用场景更方便快捷，持有感更舒适和彰显尊贵，等等。

苹果产品良好的用户体验基于卓越的产品设计，同时也全面地囊括了企业与客户接触沟通的每一个触点和触面，真正拉近了企业与用户之间的距离。

那么，如何才能提升用户体验呢？雷军一直将乔布斯视为典范，不妨看看乔布斯为“用户体验设计”定的几项基本原则：

第一，一定不要浪费用户的时间，例如，巨慢无比的启动程序，又如让用户一次次地在超过 50 个内容的下拉框里选择。减少用户的时间，减少用户鼠标移动的距离和点击次数，减少用户眼球转动满屏寻找的次数。

第二，一定不要想当然，不要打扰和强迫用户。

第三，一定不要提出“这些用户怎么会这样”的怀疑，一定不要高估用户的智商。

第四，一定不要以为给用户提供越多的东西就越好，相反，提供越多就等于没有重点，有时候需要做减法。

第五，一定要明白你的产品面对的是什么样的用户群。

第六，一定要尝试去接触你的用户，了解他们的特征和行为习惯。

“体验经济”正在取代“产品经济”，而在体验经济时代，真正能切实拉近了用户和产品之间的距离的，无非是用户体验。

只有良好的用户体验才能真正赢得粉丝对企业、对产品的热爱和忠诚，并且用户体验一旦能够超越粉丝的预期，粉丝也容易成为品牌传播的忠实力量，甚至让粉丝把企业的事情当成自己的事情，出谋划策、用情用力，最终成为品牌建设的忠实力量。

诚如雷军在互联网大会上所说，“竞争的目的是为了给用户更好的体验”。

这就要求企业在产品运营当中所做的工作不仅仅是通过媒体和技术无限拉近与消费者的物理距离，更重要的是通过用户体验来拉近与消费者之间的心理距离。

06

新媒体文案写作的 5 项秘诀

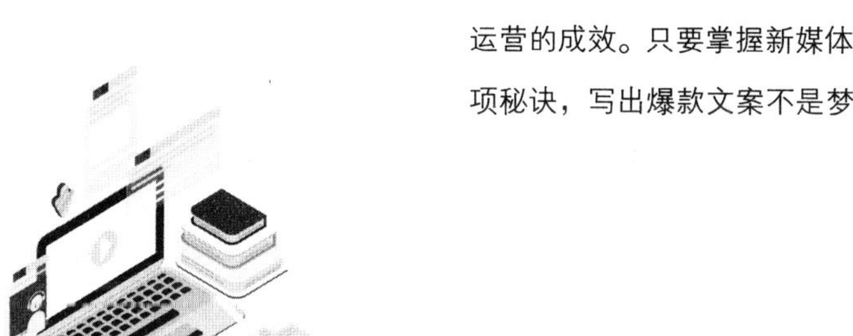

可以说，文案的优劣直接决定新媒体运营的成效。只要掌握新媒体文案写作的五项秘诀，写出爆款文案不是梦！

秘诀 1：围绕用户的 5 种心理做文章

在当下这个时代，文字泛滥，充满了太多各式各样的文案，但触动人心或是留下深刻印象的很少。

文案要走心，需要充分了解用户的心理，这样才能把握住用户的内在需求点。围绕用户内心需求所创作出来的文字，才能满足他们的心灵欲望，填补他们心灵上的空缺。

图 6-1　用户的 5 种心理

一般来说，用户常见的有五种心理（如图 6-1）。

1. 好奇心

文案创意要别出心裁，让用户有强烈的探知欲望。

人们天生就会有好奇心，它存在于每个用户的内心深处，不需要任何的引导，人们往往会对那些日常生活中很少看见的、独特的、不同寻常的事物产生浓厚的兴趣，而且还伴随着非常强烈的求知欲，会迫切地想要让这种需求得到满足。

生活中就有个常见的例子，当人们在朋友圈看到那些被多次转发的文章，往往会在好奇心的驱使下，产生一探究竟的想法，想知道能够让那么多人主动去转发的文章，到底有着怎样吸引人的内容。而人们打开文章之后却发现，整篇文章只有一个标点或者是一个字，那么就会形成巨大的反差，能够给人留下深刻印象。

那么我们在写文案的时候，就可以利用好奇心适当地制造一些悬念，也可以采取暗喻这种形式，给人留下一些想象的空间，可以让他们产生联想，甚至大开脑洞。

通过这种让用户与文案产生互动的方式，能够加深文案在用户心中的印象。

当有些文案字数过长时，为了不让用户失去耐心而放弃阅读，最有效的方法就是勾起读者的好奇心。

首先，在文案开头的地方，最好能用一句话就建立起矛盾，或者是设计一个谜团，又或者是营造一股氛围，通过激发用户对下文探求的心理，从而使他们继续往下阅读。

同时，在设置标题的时候，若是能创造出有新鲜感、有悬念、不同寻常的标题，也能快速地勾起读者的好奇心，从而使他们产生一种想要阅读正文的冲动。

2. 从众心

当多数人都倾向于做出某一种行为的时候，会对单个用户产生一股压力，要让这股压力转变为动力。

一个人通常会尽可能地让自己的行为与众人的行为保持一致，这是由于人们需要消除与他人之间的矛盾、不安、风险，或是寻求认同与归属等。从众心理的主要表现就在于，会把在群体影响中所产生的那股压力转化为动力。

同样的，用户更容易信任那些已经被群体认同了、肯定了的文案。所以，利用好从众心理，能够为新媒体运营文案注入新的活力。

大部分的畅销书在封面文案的设计上，就充分利用了用户的从众心理。

例如《小王子》这部享誉全球的儿童文学短篇小说的封面文案设计，就通过放大显示“全球销量超过2亿册”这样的字眼，使巨大的读者群体在无形中给潜在读者施加压力：全球有这么多人都看过这本书，你要是再不去阅读，可能就要被淘汰了。读者在无形之中就被激起了购买的欲望。

3. 情感心

用情感来打动用户，从而留下深刻的印象。

情感心理主要体现为情感的需求。人们都渴望能够拥有那些美好的友情、亲情以及爱情，渴望在各式各样的情感中获得幸福、感动和愉悦，也渴望得到他人的尊重和理解。通常讲，要想给人们留下深刻印象，调动起他们的情感是最为有效的方法。

要想缩短与用户之间的距离，就需要文案以人性化和带有温度的文字，用情感来打动他们，这样才会触及他们内心深处那些最为脆弱和柔软的地方，在引起他们心灵深处的记忆和向往的同时，产生情感上的共鸣。

所以，文案的主题可以是那些温暖的亲情和纯洁的友情，也可以是浪漫的爱情，还可以是强烈的爱国情怀。

4. 恐惧心

当人们处于十分害怕的状态时，会产生危机意识。

当面对某种事物或者是某种特殊的情境时，会产生强烈的害怕情绪，这就是恐惧心理的主要表现。那么，人们为了对抗或者消减这种心理状态，就不得不采取某些措施，做出一些举动。

比如：人们之所以会去购买某些抗衰老的产品，就是因为害怕衰老；而又因为害怕生病甚至死亡，就会选择购买保险。

当下的广告、文案设计都会大量运用恐惧心理。为了能够影响用户的态度和行为，会制造压力来直戳他们的痛点，让他们意识到危机并感到紧张。

而对于恐惧心理的运用，在公益性的广告中尤为常见，通常都会取得显著的效果。

在日常生活中，除了公益广告外，一些企业和产品同样会运用类似的恐惧心理。

5. 虚荣心

人在有些时候往往会无条件地顺应某些事物，这是人性的一个弱点。

这种具有极强自我表现欲望的心理，通常被称为虚荣心。

人在虚荣心的驱使下，不仅十分注重他人对自己的看法，同时也爱与他人进行攀比或炫耀。

无法否认的是，这种虚荣心理是人性上的一个缺陷，人人都会有一颗或大或小的虚荣心。如今，尽管人们在基本需求上得到了满足，但男人还是会不自觉地追求权力、金钱、房子和车子，等等；女人依旧渴望美貌、名牌产品和伴侣。

在新媒体运营中，文案创作如果想做到优秀，可以适当地利用用户们的虚荣心理。通过顺从用户渴望表现自我的心理，提高文案的档次，渲染出一股美好的气氛，合理地说些好话使用户产生优越感，从而带动产品销售，实现新媒体运营效益最大化。

秘诀 2：瞬间提升浏览量的 6 种标题

标题作为文章的“文眼”，对于整篇文章往往起着提纲挈领的作用。

一个恰到好处的标题对于文章能够起到锦上添花的作用，而一个不合时宜的标题则可能会使创作文案的心血付之东流。一篇内容良好的文案再加上一个含义隽永的标题，就好比一位本就武功高强的侠客同时拥有了帅气的面容，其在江湖中的影响力可以得到双倍的提升。

为了便于精准阐述，我们以公众号的推文为例。

决定读者是否阅读一篇文章的关键点往往就是文章标题的好坏，当读者意识到某篇文章的标题有意思、有内涵时才会点击进行关注。好标题的重要性显而易见，总体来讲，优质的标题可以产生以下三种作用（如图 6-2 所示）：

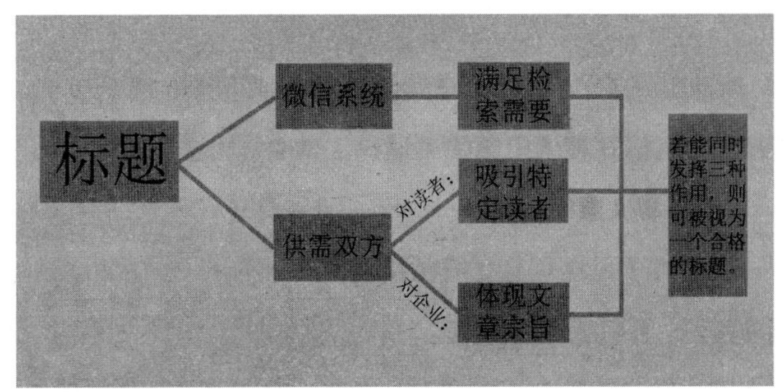

图 6–2　微信公众号推文标题的作用

1. 吸引特定读者

人与人之间的喜好往往不尽相同，而一个人的喜好往往也会因时过境迁而发生改变。精彩的标题可以让喜爱文章内容的人们得以在最短的时间内了解这篇文章的中心议题以及对自己的益处。从更高的层面来讲，美好的题目还能够直接给读者带来愉悦感并激发读者内心的情感共鸣。

不仅如此，标题自身还能够作为区分依据发挥读者分类的作用，当兴趣爱好、价值观、理想等都彼此相通的人看到符合自己需要的标题时，自然会聚拢在一起，这对于企业公众号有针对性地进行用户管理也有促进作用。

2. 满足系统需要

成功的标题设置不只能够吸引读者，同时还能满足微信搜索工具对文章内容的检索需求。当系统后台通过准确、到位的标题得以在第一时间搜出优质的文章并做出排名时，相关企业公众号的曝光率和知名度也能得到极大的提升。

为了满足系统检索的需要，创作人员可以在标题创作中运用一些实用的窍门，例如在标题中加入读者经常检索的关键词。创作人员可以在搜索引擎的关键词工具中找出这些关键词。

3. 体现文章宗旨

企业对于公众号文章的阅读量往往都有着一致的诉求——越高越好。但是具体到每篇文章的定位和目的却不尽相同，有的文章写作目的是为了展现产品卖点，有的文章写作目的是为了提升企业形象，而有的文章则是纯粹为了企业的某个活动进行宣传造势。文章目的区别必然要求文章的题目也要体现一定的针对性，也要体现文章的主旨。

国内某知名白酒企业曾在其品牌公众号上发表了一篇名为《喝酒不伤身，从低度酒开始》的科普类文章，本文的标题直接切合了人们普遍关心的“健康饮酒”这个热门话题，但是这篇文章的主要写作目的是宣传该公司的低度酒，所以从题目中“低度酒”这个关键词已经可以看出作者宣传产品的目的。

行文至此，许多人也许会对文章的标题有了全新的认识，同时也对究竟该如何拟出一个出色的标题产生了新的疑问。其实，为文章取一个出彩的标题并不难，只要做到以下六点，你会发现创作好标题并不难（如图 6-3 所示）。

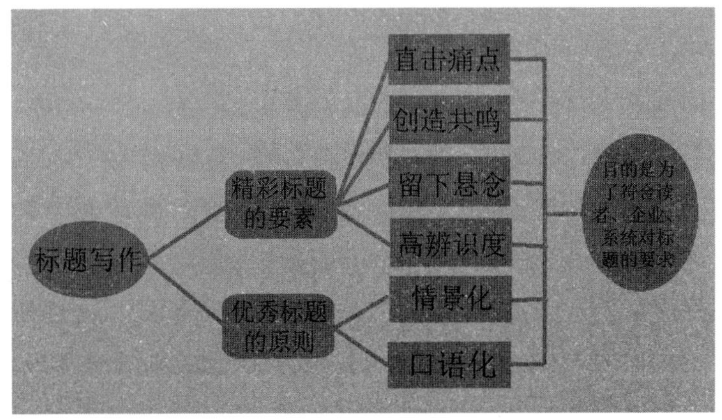

图 6–3　企业公众号标题创作的一般方法

1. 直击痛点

一篇好文章肯定会包含很多有价值的信息，这些信息不可能全部都呈现在标题上，因此需要提炼要点，然后选择用户最关心的那个痛点呈现在标题上。

当图书《失控》风靡整个互联网界时，一些解读该书内容的公众号文章也开始如雨后春笋般涌现，但这些文章的反响却不尽相同。例如《如果你读不完〈失控〉，至少可以读完这 50 条书摘》这篇文章在两日之内就获得了超过一万人次的阅读量，而《〈失控〉书摘 50 条，精华都在这里》在相同的时间段却只有三百人次的阅读量。二者对比极为悬殊。

其中的原因就在这两篇文章的标题上，《如果你读不完〈失控〉，至少可以读完这 50 条书摘》这个标题直击读者阅读时间紧、畏难的痛点，读者看到这样的标题能有如释重负的感觉。自然愿意读下去而《〈失控〉书摘50条，精华都在这里》这种标题却没有抓住用户的痛点自然也就无法获得较高的关注。

2. 创造共鸣

人们天生会对和自己有关系的内容有好感。因此，在题目创作中，作者应该站在读者的角度构思，这样拟出来的题目不仅可以激发读者共鸣，还能进一步拉近读者与企业的距离。

3. 留下悬念

创作者可以在标题中制造一些悬念，这样就可以在一开始就激发出读者的兴趣。倘若作者将文章中最主要的内容在标题中和盘托出，那么读者在获悉了重点信息后，也就很难产生往下读的兴趣了。

4. 高辨识度

创作者应在题目中加入一些人们耳熟能详的标签化字词，这样可以在第一时间吸引那些对文章相关内容比较熟悉的读者。

如果企业公众号要推一篇介绍埃隆·马斯克的文章，直接以“埃隆·马斯克：……”为题目倒不如以“特斯拉创始人：……”为题，后者明显有更高的辨识度。

5. 情景化

创作者在题目创作过程中加入一些诸如起床、吃饭、打车、加班、大扫除等这些贴近日常工作生活的场景，接着用简明的词句写成标题，往往能为读者带来强烈的代入感，使之对标题产生亲临其境的感觉，这样也能增加文章的点击量。

示例：《那些年，被老板呵斥过的前台》

解读：这个标题能让很多前台人员感慨万千并积极点赞、转发，在世人的眼中，前台这个工作很轻松，没有业绩考核，更无须加班应酬。但实际上他们的工作往往充满着外人不知的艰辛与不易。

6. 口语化

所谓口语化就是指人们平日里闲聊时的语言风格，在题目中运用口语化的表达方式可以带给读者平易近人的感觉，由此产生的轻松感有助于读者继续往下看。

以上虽然为围绕公众号文章的标题而展开，但具体到其他新媒体的标题，这些原则依然适用。

秘诀 3：爆款文案必备的两个特点

许多写手一做文案就感到苦恼，不知道怎样写出好的文案。其实在解决这个问题之前，需要做一番了解。

好的文案通常具有以下两个特点——简短和直接。

今日头条就曾经发布过这样一则数据，通常 1000 字的文章平均的跳出率是 22.1%，而当字数达到 4000 字时，跳出率则达到了 65.8%。

这个数据表明，文案的字数越多，读者读完全文的概率也就越低，媒体传递信息的完整度就会受到损伤。

许多人会在文案后面加上策划两个字，觉得这样很高档，显得很有格调。但这样的做法会导致很多人在写运营文案的时候，会莫名产生一种迷失自我的恐慌。

一个优秀的文案不应该仅仅只是写在文章上面，而是要让人说出来印象深刻。

互联网上的产品和网络运营中，优秀的文案往往都是口语化的。因为口语化具有一个最大的优点，那就是利于传播，不会对大众的记忆造成任何负担，方便他们做出一系列的反应。

如果只是单纯地想要传递信息，就应该将文案内容进行压缩，清晰且明显地呈现重要的信息点和关键词。

而如果是撰写长文案，例如软文、产品说明这样的文案，就应该先“做加法”，再“做减法”。首先写好提纲，然后将素材进行全面的填充，最后砍掉 50% 的内容，只让用户看到最精华的部分，从而让他们能够完整地读完文案，避免受到多余信息的干扰。

那些刚刚入行的文案小白们，在写文案之前最重要的就是做好积累。

正所谓熟能生巧，当你对事物有了一个深刻的理解后，就能对事物进行更加深入的剖析，也就能产出更加有深度的文案作品，读者也能从中看到你的用心。

作品都是来源于生活当中一些小小的灵感，你需要做的是将生活中的灵感都积累起来当作素材。

其实具体地说数据和案例比单纯地讲抽象概念来得更直观。

在写那些短文案，比如口号和标题时，最有效的表达方式就是数据。

而在撰写那些长文案时，清晰的结论则更为直观，要尽量把那些结论放在文章的开头、段落的开头，或者是写个小标题来对它进行突出。

可以通过唤起场景来提升用户对文案的记忆度，不然你花费了大量力气写出来的文章，用户转头就有可能把它忘掉。

广告的创意往往需要极大的吸引力，能够让人对此产生深刻的想法。

现在的文案发展潮流已经不同以往，不是简单地编首口水歌就能作为广告创意。

要想做好广告文案，需要时刻寻找创意与写作灵感，到处获取新鲜的咨询和一些有趣的参考案例，还有那些个人分享的作品，我们从中可以学到许多东西。

文案要想做到 90 分以上，就得像一只锚一样，深深地勾住用户的记忆。

加拿大的心理学家图尔文研究过，长期记忆分为两种，一种是情景记忆，一种是语义记忆。

例如泰国的广告，就常常为人们打开不一样的思路。他们在广告方面的创意让人叹为观止，用户通常都是把他们的广告当成短片一样来欣赏。

所以说，做文案不单单是依靠经验和技巧，还需要进行思考。在文字上面的推敲以及敏感度，还有对于新鲜事物的接触，都有利于我们总结发掘文案的内容。

“语义记忆”需要更高的成本，往往需要进行较长时间的逻辑演绎和重复记忆，所以对于那些带有营销目的的文案来说，要想打通和用户之间的交流隔膜，应该采用“情景记忆”的方式。那些让人印象深刻的情景记忆，通常都与一个具体的场景有关。

在此基础上，就要开始尝试用自己的思维模式去写作。

文案写作的重点并不在于用词要多么的华丽，而在于要学会怎样自然地去描述这个过程，以此打动别人。

就好像第一次做饭、学游泳的时候，人们要求文案有画面感的目的就在于和用户产生共鸣，同时也让其在用户心里留下更加深刻的印象。就像知乎曾经通过这种典型的场景化方式，在地铁里投放的那组广告一样。

真正的完美与平衡，是介于支离破碎和泛滥成灾两种语言之间的，其中的任何一个都是不完美、不充分的。大部分时候人们做的都是感情，并不是事物的本身。如果想要成功，就要能够引起人们的共鸣，这时候你就需要一个感情的铺垫。

坦白说，考验你裁剪的能力是“简短”，同时考验你提炼和表达能力的是“直接”。只要具备了这两点，这个文案基本上就优秀了。

秘诀 4：高转发率文案的 3 个语言特点

在当下的这个时代，我国的经济结构在不断转型和优化，同时也受全球信息网络浪潮的影响，处于黄金时期的新媒体产业正不断发展，新媒体语言具有商业赢利的目的，同样也是新媒体产业的产物之一。

如果想要实现效益的良性发展，那么新媒体的运营者们就要形成一种长期共存平等互利的模式，这就要求他们充分运用新媒体语言，让上下游企业合理对接。就像之前网上流行的那些“踩雷”“种草”“买它”“爱用品”之类的热词，网络主播通过将自身的体验告诉消费者，来激起他们的消费欲望。

在新媒体产业的平台下，这种类似的词语会间接推动经济的增长，但同时，像这样的新媒体语言，其影响力也是十分巨大的。转发率较高的新媒体文案，在使用语言方面一般具有三个特点（如图 6-4）。

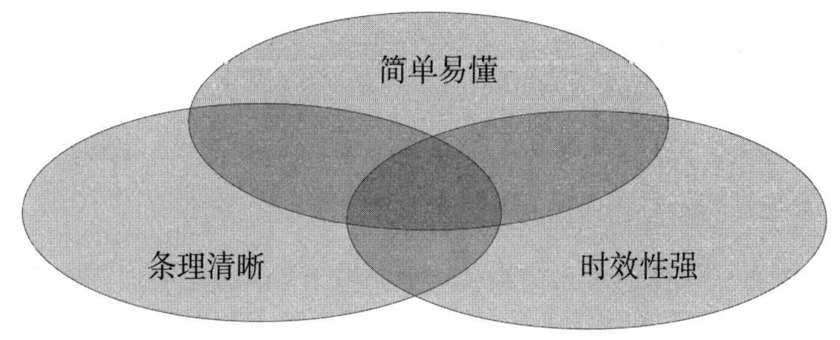

图 6-4　高转发率文案的语言特点

1. 简单易懂

因为这种语言的接受对象在个体间存在的差别较大，且整个群体特别广泛，所以这种新媒体语言的风格具有简单易懂的特点，也很少出现隐晦的内容。

2. 条理清晰

这种公共类新媒体语言条理比较清晰明了，因此具有较强的逻辑性，所以这种类型的语言在整个新媒体语言中有引导和示范的作用。

3. 时效性强

为了获取关注度和利益，网站的运营商或广告的发布者使用这种公共网站的语言会特别注重时效性，而同时也让语言充满吸引力。

要想了解新兴事物的发展，或者是把握时代发展的大致趋势，研究新媒体语言的词汇就是一个很好的选择。而以上高转发率文案所普遍具有的三个语言习惯，同样是新媒体运营人员所必须熟悉和掌握的。

秘诀 5：提升新媒体写作能力的 4 个方法

在当下，新媒体文案的数量由于市场的需求正逐步增长，同时对行业环境和岗位的要求也逐渐严格和规范。

如果新媒体运营人员想长远地坚持下去，就要有以下四种基本能力：文案能力、创意能力、审美能力、学习能力。

1. 提高文案能力

提高文案能力就是提高文案的写作技能，具体包括注意文案的语法和逻辑，注意把控语言的风格，以及文案技巧的合理运用。

（1）掌握文案的语法和逻辑

在写作时都需要运用正确的语法，而且在表达方式上要注意语言的逻辑性，要使文案条理清晰，如此一来，文案便能充分地表达出原来的意思，使读者更加容易理解。

（2）把握文案语言的风格

驾驭各式各样风格的文字，是一个文案工作者的基本素养之一。在面对不同风格的文案内容时，他们也可以根据具体的要求去撰写，这些语言风格可以是含蓄委婉、平实质朴的，也可以是绚丽飘逸、幽默讽刺的。

（3）运用文案技巧

使用标题海报和主题广告可以快速引起人们的注意；软文和具有感情的品牌介绍，则更要使人们产生代入感；商品介绍类型的销售文案就要求人们能够产生信任，并能够快速地做出购买决定和售后反馈；如果是品牌传播文案，那么它会在信息简单的基础上，更加有利于口头间的交流传播。

同时，在进行文案写作训练的过程中应该多加思考：自己认同的那些优秀的文案，它们的优点表现在哪里，并换位思考自己应该如何去做。

2. 提高创新能力

要想使广告能够打动人心并与人产生共鸣，创意就是关键。要想看到那些富有创意的广告，只需要在网络上搜索即可。广告创作需要文案创作者具有一定的创新能力。

创新能力离不开天赋，但也可以经过后天的练习得到。通过以下方式也同样可以让思维更加的活跃。

（1）大胆体验跳出常规

罗伦斯·凯兹——一位杜克大学神经生物学的教授，他曾经提出，通过举哑铃能够帮助我们锻炼那些不发达的肌肉，就好像是用新奇的方式去思考和观察世界，这样有利于使人脑中那个呆板的部分活跃起来。比如尝试生活中不曾做过的事情，体验新的生活方式，尝试新的事物等。

（2）保持一个好奇心

好奇心是人生来就有的，有些人会随着长大而抑制自己的好奇心。坚持思考和询问，保持对事物的新鲜感，可以使人的好奇心得以保持下去。

要想有效地锻炼自己的思维能力，就需要在自己的努力下去解决问题，这样也有利于自己在工作和生活中更加有效地处理问题。

（3）要尝试侧面思考

可以抱着解决问题的目的，将毫不相关的事物一起融合联想，这样也有助于提高自己的创新能力。

3. 提高审美能力

审美能力就是清楚美的定义，同时也要求能够欣赏事物的美，所以审美能力也是艺术鉴赏力。

就好像在日常生活中，一个简单的文字排版工作，有些人可能排版成豆腐块风格，让字与字之间紧密相凑，字体颜色甚至是五花八门的，最终的感觉是零散的、无格调的；而有审美能力的人就会做到风格统一和整洁，字体间的搭配、字与字之间的距离、行与行之间的距离，都会让人感觉舒服。

以下两个方法可以训练和提高审美能力。

（1）要对美有一个基本认识

事实上，美的事物之间都会存在共性和通性，而美是没有绝对标准的。就好像在穿衣搭配的时候，身上的颜色最好不要超过三种。除此之外，这个道理同样可以适用于文字排版和图文设计上。

（2）广泛欣赏优秀作品，总结并运用其中能够体现美感的规律

欣赏那些优秀作品中的颜色、布局和风格，用心感受优秀文学作品中的文字和语言韵律等，或者不过是欣赏一部优秀电影中的画面色系和设计，诸如此类的方式可以在潜移默化中提高文案工作者的审美能力。

4. 提高学习能力

通过较短时间，能够快速地对一个陌生事物从了解到最终掌握，并有自己的理解和认识，这就是学习能力的基本含义。

学习文案写作，有3个主要途径（如图6-5）。

（1）阅读

要求对一件新的事物有基本的认识，例如在专业书籍、网络资料以及相关案例的研读中，但在这个学习的过程中，需要花费较长的时间和精力，对文章进行理解后分析，最后得出自己的认识。这样一来，在学习成本低的前提下，也可以让人系统地了解并掌握相关知识。

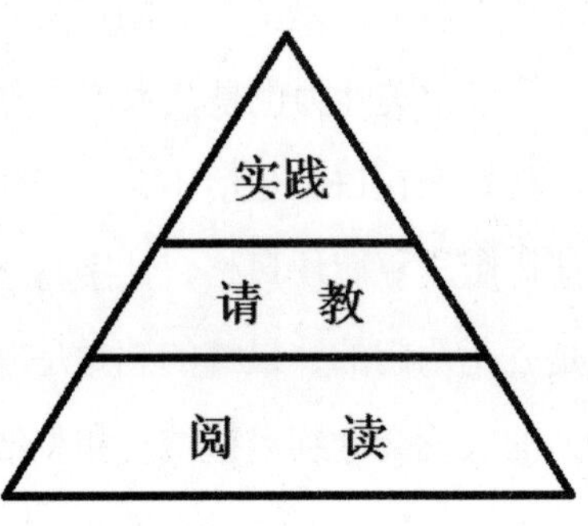

图6-5 学习文案写作的3个途径

（2）请教

通过对所需学习领域的专业人士请教，是耗时最少、效率最高的学习途径。专业人士由于具有专业的知识基础以及大量的成功经验，向他们请教学习，能够在最短的时间内快速的学习。专业人士可以是自己的领导上司，也可以通过知识付费平台约见咨询，如在行、分答。

（3）实践

学习是在大量的实践中逐步探索的。实践出真知，知识是从实践中来，再到实践中去检验，即使通过阅读、通过向专业人士请教，最终还是要实践，将知识运用到自己的实际工作中。

只有真正的实践过，才能对知识认识更深刻，知识才能逐步转化为自己的能力。

07 新媒体美工设计的 4 类干货

人类是视觉动物，新媒体运营离不开美观的设计，其中主要包括四大方面——版式设计、色彩设计、字体运用、图片搭配。本章将就这四个方面进行一一讲解。

干货 1：版式设计必会的 3 个原则

随着新媒体的诞生，信息传播方式发生了很多变革，在这种情况下，设计法则也随之而变化。与此同时，版式设计也被注入了新的内涵，这就需要我们在传统技法上结合新的载体，对静态、动态、文字和音频进行合理的编排。

我们的生活随着计算机、平板电脑、智能手机等硬件的不断提升，以及互联网模式、移动通信平台的成功嵌入，变得越来越便捷，获得信息、快速传递信息已经越来越快速。

如今的新媒体市场份额越来越大，消费者的眼球被各种声、光、图、文充斥着，也被各种信息所刺激着。

这些信息广泛传播的目的，都是为了吸引更多消费者的注意。

在这种竞争激烈的环境下，版式设计也同意遇到了新的变革、数字化变革，如果不创新，就无法满足当今挑剔的消费者。

版式设计对于平面设计来说，是最基础的环节，它就相当于人体的背脊，组合起了各种艺术元素。

在版式设计中，通过设计师将图像、文字、色彩进行合理安排，打造出有新颖度的视觉感受，从而使纸版印刷的页面看起来更加合理，信息阅读更加有序，还能给消费者提供美的享受。

新媒体版式设计，需要贯彻 3 个原则（如图 7-1）。

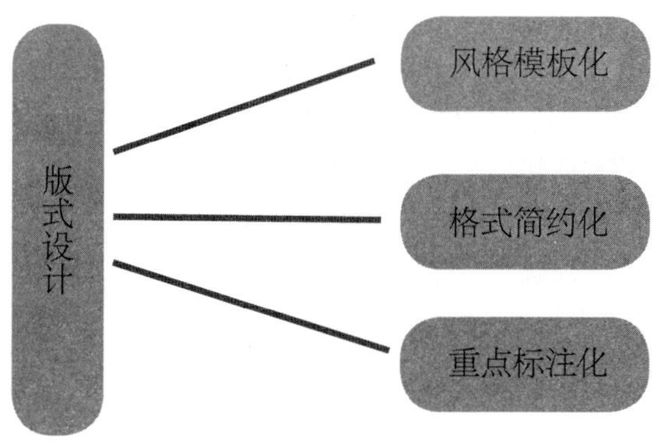

图 7–1　新媒体版式设计的原则

1. 风格模板化

如果是做公众号的话，建议每个账号及早确定一款标准模板，并且在使用过程中不随意更换

这是因为，稳定的排版样式和风格会带给阅读者真实性和专业性。同时，确立一套标准模板还可以让每一次推送排版都更加省心省时。

标准模板包括但不限于字体、颜色、字号、小标题样式、二维码样式、分割线样式、题图样式等内容。

2. 格式简约化

不论你的新媒体账号是从什么时候开始运营的，是一个新媒体小白还是一个经验丰富的老手，排版格式都应该以简约自然为基础，能够让人一目了然，一下子就能抓住主题和重点。

如今是一个信息大爆炸的时代，人们每天被大量的信息所包围。相比去盲目追求“炫酷”“华丽”的排版方式，简约整洁的排版方式也许才是最佳策略。

排版时需要切记是，其本质是为了提升读者的阅读体验，不要为了排版而排版。遵循构图和排版的基本原则，不强加多余的设计，也不给人留下空白和乏味感，这才能算得上是优秀的排版。

一般情况下，文章内一个主题配置一张图即可。如果要同时插入多张图片，需要注意遵循3个方面统一：图片风格要统一，图片主色调要统一，图片宽度要统一。

3. 重点标注化

对于一篇内容来说，必然会有需要重点强调的部分，这样就可以使用其他排版格式来进行标注，标注的方式有加粗、下划线、着重色，等等。

但同时需要谨记的是，画重点也要克制。一定要记住一句话：过多的重点，等于没有重点。

此外，还要多去对好的排版格式进行研究参考，提炼优秀的排版格式，运用到自己的内容中。在学习过程中，看待自己的排版风格要多站在用户的角度上，因为从用户角度能看到问题所在，也能提高自己的排版能力。

干货2：新媒体色彩设计的4个步骤

作为一个新媒体运营人员，不能只会写文案和策划，有时候想打造出一个成功的话题，还需要在一定程度上运用一些色彩搭配的技巧。

在很多方面，例如二维码、文中标题、Logo、正文、海报等，需要用到色彩的地方几乎涵盖了方方面面。从视觉感受的先后顺序来看，用户会首先感受到色彩，然后才是文字，这也是塑造品牌形象的好机会。

许多人在新媒体运营过程中忽略色彩的重要性，实际上，很多地方都需要运用到大量的色彩搭配，如果在这些细节上做得不够到位，那么就无法给用户提供美好的观感。

所以，如果想让用户从第一眼就能喜欢这个设计，那么就需要从视觉上开始，形成用户的第一印象。具体来说，可以通过 4 个步骤来实现新媒体色彩设计（如图 7-2）。

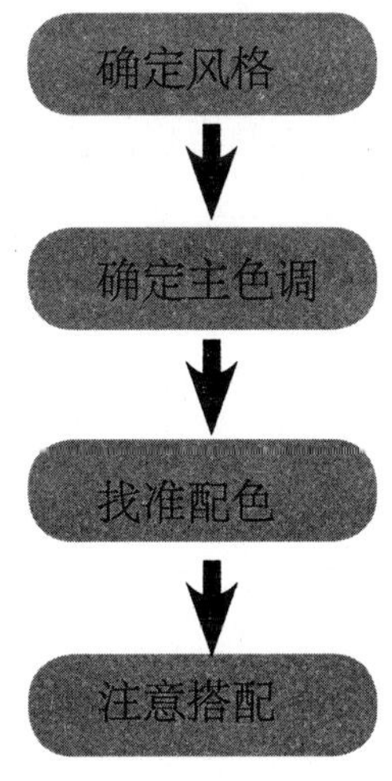

图 7-2 色彩设计 4 步骤

1. 确定风格

在同一色调里，可以通过增加黑色和白色（改变亮度），或者增加灰色（改变饱和度），而形成完全不同的风格。如果想要营造出清新、天真、朴实的感觉，可以适当添加更多的白色；如果想要营造出稳重、成熟、厚重的感觉，可以适当添加更多的黑色。

纯色：亮丽风格纯色是所有色调中最鲜艳，最吸引眼球的色调，它是指不混杂黑色或白色的色调，也是 PPT 文字颜色中的标准色，在儿童产品和老年产品中，经常可以看到高饱和度的纯色。

可是，如果大面积使用高饱和度的纯色，会造成俗气的感觉。这是因为，颜色和其他东西一样，物以稀为贵。在人工染料出现以前，染料只能依靠人们从自然界中提取，因此，可以穿到鲜艳的衣服只能是皇室贵族，而普通百姓，也只能穿“素衣”。当人工染料出现后，高饱和颜色的制作随着价格的走低，和制作的简单，开始广泛流行起来，因此就变得越发俗气。

同样的道理，在品牌领域为了吸引眼球，将高饱和度色作为品牌主色，已经被越来越多的品牌开始大量使用。有一些品牌刻意降低品牌色彩的饱和度，让自己显得更加高级。

加入白色：在纯色中适当地加入白色，会使整体风格显得更加清新、有质感，有助于提升整体档次。在大部分的时尚、文艺类新媒体中，这种配色显得十分常见。

加入灰色：在纯色中加入适当的灰色，可以形成古朴风格。有着复古需求的新媒体可以尝试一下这种风格。

加入黑色：在纯色中加入适当的黑色，可以形成比较个性化的深沉风格。这种风格比较适合主打深度内容的新媒体。

2. 确定主色调

品牌内涵和产品特征都需要通过色彩来加以展现。因此，市面上大部分的成功品牌，都有着专属主色调。甚至能做到，让你听到其品牌名称，就能马上联想起它们的颜色。例如，可口可乐的主色调是红色，百事可乐的主色调是蓝色，麦当劳的主色调是金色，蒂芙尼的主色调是蓝色。

在 12 色色环中，暖色调在红色顺时针旋转到黄色的区域，它的相对部分属于冷色。暖色能够让人感觉到温暖有活力，在自然界中常见于阳光、火焰、血液等，一般可以描写感性、欢乐、喧闹、热情、女性化等感觉。

大多数情感类新媒体，采取了以红、黄等为主的暖色系（HUGO 的主色彩偏冷，但使用了红、黄等暖色调和在封面中）。红色也适用于主打女性用户的时尚类新媒体。

同样，美妆类新媒体也可以按照这样的选色逻辑，例如，常见于海洋、天空、植物冷色系，可以描绘出理性、自然、安静、内敛、男性化等感觉，让人感觉到清新和宁静。

蓝、绿等冷色系比较适合金融理财类新媒体。除了冷暖色的差异外，颜色也在不同国家，不同文化上得到了不同的体现。

3. 找准配色

有一种十分常见的配色方案，叫作互补色搭配。

例如：

红色与青色互补，紫色与黄色互补，绿色与品红色互补都属于颜色的互补。两种颜色能被称为“互为补色”，是指在光学中两种色光以适当的比例混合而能产生白光。当两种补色并列时，会引起色觉上的强烈对比的，感到绿的更绿、红的更红。

例如：

互补于蓝光，等量的红光 + 绿光 = 黄光。

互补于绿光，等量的红光 + 蓝光 = 品红光（也称洋红，即较浅的紫红）。

互补于红光，等量的绿光 + 蓝光 = 青光。

两种色光能称之为互补色光，是说三原色光中的某一种色光与某一种三原色光以外的色光等量相加后形成白光。在互补色光之间，能够形成相互阻挡的效果。例如：黄光与蓝光、红光与青光、绿光与品红光，就是三对互补色光。

色彩中的互补色进行相互调和会降低色彩纯度，形成灰色。但是，在两种颜色互为补色的时候，一种一种颜色所占的面积远大于另外一种颜色的面积的时候，如果想让画面能够很显眼，可以采取增强画面的对比的方式。

4. 注意搭配

在正文部分，首先要注意的就是保证主要内容的清晰易读性，因此在颜色搭配方面，需要在保证辨识度的前提下，尽量在正文部分采用较低饱和度的颜色，这样不会造成眼睛的不适感，从而延长用户阅读的时间。例如，#595959 颜色的字比 #000000 颜色的字看起来更舒服。大红色背景和淡红色背景相比，显然第二种更容易令用户接受。

此外，当 3 种色彩搭配在一起，就会显得十分混乱，如果将红色、黄色、蓝色、绿色放在一起，效果可想而知。

在统一大面积文字颜色的前提下，利用强调色突出重点内容，用强对比色突出需要强调的内容，可以采取色相的对比的方式。

干货 3：新媒体运营必知的字体设计

传统的视觉传播设计门类中，也包括了字体设计，旨在掌握字体字形的结构间架原理，培养书写美术字并能设计特定主题创意性字体的能力。

字体设计可以帮助企业和产品信息得以有效传播的重要条件。

字体设计的实践成果，会针对各种媒介自身的特点，应用于不同传播媒介和场合，因此对字体风格也有着不同的要求。

网店、公共号等就新媒体环境下的平台，有着较高要求的视觉传播设计，为宣传品牌形象，这些平台采取用字体设计的情况比较普遍。

一方面，在品牌识别效果上，以字体设计作为视觉形象较为容易，也容易让人记住其造型特点，比较符合现阶段新媒体行业创业短、平、快的特性。

另一方面，新媒体行业由于起步晚、社会普及面大、发展速度快、从业人员素质也良莠不齐。

因此，在设计过程中有很多相互模仿和抄袭者跟风而上，但一些优秀的设计仍能经过市场和各种环境检验，并且随着品牌一起成长。

在新媒体传播时代，每个人都可以享受到广泛快捷的互动通畅渠道，成为信息的发布者和受众，大大增强了互动能力和主动性。

同时，由于新媒体行业从业人数多、发展快、服务层面广，让小众化传播变得更容易。

因此，传播企业和产品形象的字体设计在这样的大环境和背景下，具有多样性的设计风格。

现阶段的新媒体行业竞争较为激烈，因此很多品牌尤其是小品牌，为适应不断变化着的受众的欣赏习惯，字体设计更新较为频繁。其中也包括，一些行业特点并没有被新媒体字体标志很好地突出出来，因此字体设计从以前的设计求变而变的更多。设计师被要求，需要在快速更新的新媒体行业的字体设计中，让自己的设计能力得到充分锻炼。

鉴于在电脑、手机等大小不一且相差较大的终端上，展示出一致的新媒体传播的视觉形象，因此新媒体的字体设计和新媒体显示的字体造型，不宜有太多的细节，这样无论在不同场合中进行放大缩小都可以适应显示的需要。

例如，在手机桌面上的 APP 图标显示的字体造型大小，与启动项和链接项当中的图标上，虽然形状相同但显示大小不同，想要品牌形象在显示出来能有很好地识别效果，就必须让字体设计可以满足在大小不同状态下的而需求。因此字体造型的识别必须符合易于分辨、一目了然的特征。

以下几款免费字体适合推荐给新媒体使用，仅供参考。

1. 思源系列字体

（1）思源黑体

思源黑体（英语：Source Han Sans）是 Adobe 与 Google 领导开发的字体家族，支持繁体中文、简体中文、日文及韩文。属于无衬线黑体。

（2）思源宋体

思源宋体是 Adobe Type 发布的最新泛 CJK 字体，支持四种不同的东亚语言，还包括多个西方字体。是对应于思源黑体的宋体字体。

（3）思源柔黑体

这款字体虽然是由部分日本语修改而来，但也可以在中文中得到使用。这款字体分为七种不同粗细的版本，以及三种不同圆角程度的版本。

2. 方正系列字体

免费的方正字体包括：方正仿宋、方正黑体、方正宋体、方正楷体。

3. 华康系列字体

为方便阿里巴巴集团旗下平台的商家对字体的使用需求，华康字体公司与阿里巴巴集团达成合作，华康系列字体的商用部分仅限于阿里巴巴旗下平台商用，华康字体公司为阿里巴巴集团旗下的平台提供 45 款华康字体，供商家免费使用。

4. 旁门正道标题体 2.0

旁门正道是阿门发起的公益字体，这套字体比较扁平，圆滑，字体由字游空间设计师免费设计，设计的可塑性很强。

5. 郑庆科黄油体

郑庆科黄油体这款美术字体比较偏儿童化，带有复古又带点时尚的特点，是一款让人第一眼看起来十分普通，但又非常耐看的中文字体。

6. 濑户字体

濑户字体，支持简体中文、繁体中文、日文，包含 CJK 常用汉字、平片假名，共 30000 余字，是一款偏可爱风的字体。

7. 明朝体系列

（1）源界明朝体

这款字体是在思源宋体的基础上，加入了破坏效果，使其接近可读状态，可作为大字或者图片内的标题使用。

（2）花园明朝体

这款字体几乎对所有汉字字形都有囊括，但也有一个缺点，它的字形以日本字形为准，因此有一些字不符合中文书写规范。

（3）装甲明朝体

这个字体是在思源宋体的基础上修改而成的，使用了超细的水平横线笔画，让文字表现显得更有张力，在军事领域或者是表现阳刚气息的设计上尤为适用。

8. 站酷系列字体

（1）站酷高端黑

该字体由站酷网字体的 100 多位字体设计师共同设计完成，其中包含了 6763 个汉字、数字和英文字母。

（2）站酷快乐体

在酷高端黑之后，发布了这套风格轻松活泼的字体。第二套由酷友集体创作完成。这套公益字体可以提供给任何人永久免费试用的，也可以用于免费商用用途。

（3）站酷酷黑体

字形在笔画细节上精致且有设计感，笔画粗犷有力，文字之间的排版组合在饱满的中宫衬托下，显得十分醒目好看，这套字体包含 3500 个常用字，52 个英文字母，以及 10 个阿拉伯数字。

（4）站酷意大利体

它是由大猫 Addict 设计，也是站酷冠名的首款公益西文字库，包含了 52 个字母、10 个数字、24 个符号。

9. 刻石录系列字体

（1）钢笔鹤体

这个字体是在王汉宗粗钢体基础上修改而成的，刻石录对原先字体字形中缺少的，或有欠美观的部分，进行了重新制作和修正，包括半形英数、圈圈字、常用符号等内容。

（2）明体

日本以符合开源定义，发布 [IPA 明体（IPA 明朝）] 及 [IPA

黑体]，包括了日本常用的字元字形，主要方便日本人使用。

（3）颜体

这个字体是在王汉宗颜体基础上修改而成的，对原字体中缺少的或有欠美观的部分，进行了重新制作和修改，对缺少的字进行了增补，也改变了一些字形的写法。

此外，关于字体设计还有三个原则需要遵守。

第一，正文最好使用14—16号字。这个字号适用于一切新媒体平台，是一款能够让大众在视觉感受最舒适的字号。

第二，在字体颜色的选择上，尽量不要超出3种。一旦超过3种颜色，就会让内容显得过分杂乱，令人看得眼花缭乱。如果是品牌色，尽量避免选用太亮或太刺眼的颜色，一般可以考虑选用黑色+灰色+品牌色，在确定好颜色后，尽量不要再对颜色进行调整更换。

第三，选择字体的基础颜色，最好首选黑色，在这个基础上，可以适当增加1到2种颜色，但最多不要超过3种。因为按照人对色彩的识别程度，过多种类的颜色只会让眼睛更加疲惫，影响到接下来的阅读质量。对于一些经验不是特别成熟的运营者来说，尽量选择越少越好的颜色。

干货4：最受欢迎的5种配图风格

俗话说得好，一图胜百文。

在设计元素的版式中，以图片为主的情况已经越来越常见。

用户浏览页面的速度随着宽带速度和硬件设备的不断升级，变得越来越快。图片总是比抽象的文字更能让用户感受到沉浸式的阅读体验。因此，一定要重视图片在设计编排中的运用。

在一些新媒体中，往往还专门有图片库和图片板块供人编辑使用。

在新媒体环境下，要注意运用图片的编排法则，例如：谈话的两个人物图片在编排时要选择面对面；人物之间、物体之间在编排时要注意上下左右关系，以及图片的相互组合关系；图片中景物或人物的动势变化等。

此外，还有一些比较容易受到读者欢迎的风格（如图 7-3）。

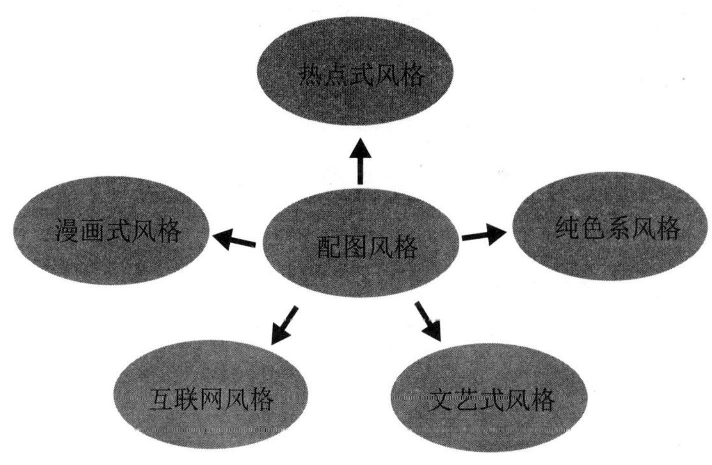

图 7-3　受到欢迎的配图风格

1. 热点式风格

顾名思义，配图的最终目的是要吸引人的注意力，让人有打开链接的欲望。而热点本身就存在吸引人的特性，因此这一种配图方式十分常用，而且很有效果。

2. 漫画式风格

漫画风格作为配图，经常出现在很多公众号推文或是头条推文中，甚至是一个系列的动漫配图搭配一系列文章主题使用。漫画风格的配图其实为许多人所喜爱，因为在当下这个浮躁的年代，漫画可以给人一种清新简洁，甚至还有点叛逆的特性，可以让人们在阅读过程中，对个性追求的欲望得到满足。

3. 互联网风格

这个类似于前面所以到的图服务与选题，以“人人都是产品经理”截图为例，让图片的风格与自己所做的产品的定位相一致，并且围绕这一目标去选择配图。

让文章与公众号定位完美契合的同时，还能保持专业、整洁，美观。这可以让文章在众多同质化账号中脱颖而出，在日常生活中，我们可以对优质文章进行借鉴，参考它们的文章选择了怎样的配图，让自己的文章显得更加专业。

4. 文艺式风格

文艺范风格的配图作品已经被越来越多人所喜欢，在公司之前做运营师分析桌面壁纸时，得出一个结论，很多文艺风格图片的下载量都很高。这种现象的背后，反映出人们对视觉上的简洁干净、清爽明亮的风格有所追求。

5. 纯色系风格

有时候也可以对纯配色系风格进行尝试，因为很多人喜欢在文字图片上添加一个纯色系背景。因此，以纯色底为基础，再添加上一幅只包含了一两个物品的图片，可以达到很好的效果。

在工具选择上，可以试用抠图软件进行简单处理。但是在颜色的使用时需要注意，避免使用太艳俗的颜色，推荐使用饱和度较高，鲜明的亮色，类似马卡龙色。营造出一种雅致、简洁的画面效果。

08

新媒体运营要躲避的 4 个雷区

新媒体可以说是一个新兴的行业，其运营方法体系并不成熟，所以我们经常会看到有一些新媒体平台触犯禁区，引发公众的不满，甚至导致关停的局面。

本章总结了新媒体运用中经常被触碰的四个雷区，希望大家注意规避。

雷区1：别做惹人厌的标题党

在互联网上通过起各种稀奇古怪夸张的标题来吸引人眼球，从而达到各自目的的一些网站管理人员或者是网民们通常被统称为标题党。他们的具体行为主要就是上传内容的标题过度夸大其词，实际内容往往和标题不符或者关联性极低。

在众多的标题党里面，许多的网友大多是出于无聊，或是追求刺激，或是为了满足个人趣味等目的，因此来作弄其他网友；其中又有极其少数的标题党人员其实是为了增加网站、论坛、博客或者是个人帖子的点击量，又或者是其他不可告人的目的，来吸引网友的目光，提高浏览量，最终才会选择欺骗广大网友。

但要知道，标题党其实是具有非常大的社会危害性的。

首先，它欺骗了网友们的感情，会浪费网友们的时间。

其次，标题党这类行为泛滥了之后，会让网友因为受过了太多欺骗，而错过真正有价值的信息，在网友之中造成“狼来了”式的悲剧。

最后，标题党会污染版面，为博人眼球会出现大量不堪的字眼，网络环境令人触目惊心。

还有许多人错误地认为，只要有好的创意就能获得非常高的点击率，所以为了简单快速地获得高点击率，充分利用人性八卦特点的“标题党”应运而生。

但这样为了吸引点击而憋出来的“创意”，最明显的错误就是，点击的用户过于宽泛而不能做到精确定位，页面的跳出率极高，最终获得的转化效果非常差。

像标题党这样编写的标题，虽然可以获取高点击量，但却会错过目标客户。要知道，标题党这样的行为可以说是害人又害己，是新媒体运营人员一定要避免的

雷区 2：微信封号是不能言说的伤

2018 年 3 月，某知名公众号上宣布原价 199 元的运营课程只需 9.9 元即可购买，之后购买人数每增加万人，课程售价将会增加 5 元；如果推荐给朋友购买，还可直接获得 40% 的现金奖励……不少人的微信朋友圈被这一宣传海报刷屏。

不过，这一宣传手法很快遭到质疑，后来微信以“通过多层抽成等方式，推广网络课程，违反了微信平台规则”为由，对该公众号进行封号处罚。早前网络热传的逃离北上广、佛系青年、地铁丢书等运营事件均出自新世相。

回顾 2017 年，今日头条、腾讯、一点资讯、优酷、网易、百度等网站依据相关法律法规、网站内容管理规定及用户协议关闭了“风行工作室官微”“全明星探”“中国第一狗仔卓伟”“名侦探赵五儿”“长春国贸”“娱乐圈揭秘”等一批违规账号，也包括“关爱八卦成长协会”“南都娱乐周刊”“毒舌电影”“男人装”在内的 25 个微信公众号陆续被封，引起了业界的震惊。

这些账户粉丝众多，有的已经有相当的盈利规模，网友为之叹息。

为此，网络管理部门责令网站切实履行主体责任，加强用户账号管理，积极传播社会主义核心价值观，营造健康向上主流舆论环境，采取有效措施遏制渲染演艺明星绯闻隐私、炒作明星炫富享乐、低俗媚俗之风等问题。

早在 2016 年，深圳市快播科技有限公司，涉嫌传播淫秽物品牟利一案在北京海淀法院开庭审理。

2016 年 8 月 10 日下午两点多，不少“分答”答主突然发现登录不了分答账户。数小时之后分答所有渠道均无法登录，所有功能处于空白，页面显示系统处于升级中。有人这样说，分答停摆，知乎警钟已响起。

这是什么情况呢？其实分答的环境是好的，但是在整改前有时候充斥着打擦边球的黄色信息、敏感的政治信息，以及各类无量垃圾广告侵扰，不仅严重地干扰了用户的体验，同时也不断地触碰到互联网管理的红线，所以引发了网友的担忧。

分答的停摆让人忧心忡忡，距离被查还有多远？幸好分答团队意识到问题的重要性，先闭关整顿完善使用环境后重新开放，新媒体运营不应该走在法律的边缘。在开放的互联网环境中，涉黄的风险有可能让苦心经营的事业毁于一旦。

其中直播涉黄案已经有典型的例子。2016 年，三名 95 后女孩、一段不堪入目的淫秽视频、4 万余人的“拥趸”、10 余万元的非法牟利……为了更快地聚集“人气”使自己成为“网红”，网名“雪梨枪”的网络女主播伙同他人录制淫秽视频吸引人气，并借此牟利。2016 年 11 月，四川绵竹法院对该案做出判决，林某因构成制造、传播淫秽物品牟利罪，被判处有期徒刑 4 年，并处罚金 10 万元。

国家互联网信息办公室 2016 年 11 月 4 日发布《互联网直播服务管理规定》。有关负责人表示，出台《互联网直播服务管理规定》旨在促进互联网直播行业健康有序发展，弘扬社会主义核心价值观，维护国家利益和公共利益，为广大网民特别是青少年成长营造风清气正的网络空间。

《互联网直播服务管理规定》提出，不得利用直播从事危害国家安全、破坏社会稳定、扰乱社会秩序、侵犯他人合法权益、传播淫秽色情等法律法规禁止的活动，不得利用互联网直播服务制作、复制、发布、传播法律法规禁止的信息内容。

除此之外，利用直播平台等编造、传播暴力、恐怖、虚假消息，侮辱、诽谤他人，招摇撞骗，情节严重的也可能构成犯罪，所以需要告别幻觉，规避风险，估值较高的快播最终无法善终，其下场令人唏嘘。

无论是直播平台，还是分答，知乎这些有巨大粉丝的平台都要引以为戒的，否则影响到平台自身的安全。安全与发展、自由与秩序、创新与规则始终是互联网发展的主题，是所有新媒体运营者不能忽略的法律问题。

除外还有不少运营产品在收集个人信息，收集到的个人信息却由于技术问题而不好好保管，导致出现内鬼泄密或者故意销售，这些都是触碰了法律的高压线。

总而言之，真正做新媒体运营，在法律与道德的框架内光明磊落做事情不应该成为奢侈品。因此走在法律边缘的运营必然不会是长久之计，终有一天会玩火自焚。

封号是小事，产品遭受舆论诟病，丧失了诚信，降低信誉度，甚至成为阶下囚才是互联网从业者的败笔。

运营者更不能像无良广告一样流淌着不道德的血液。

雷区 3：新媒体运营不能违背公共道德

互联网不能触犯法律，那么互联网也不该陷入道德的漩涡。

知乎网友魏则西是西安电子科技大学大学计算机系学生，于两年前体检后得知罹患“滑膜肉瘤”晚期。不过魏则西父母并未就此放弃，在通过百度搜索和央视得知“武警北京总队第二医院”后，魏则西父母先行前往考察，并被该医院李姓医生告知可治疗，于是魏则西开始了在武警北京总队第二医院先后 4 次的治疗。

2016 年 4 月 12 日，魏则西去世。但魏则西事件并未就此结束，网友找出魏则西在 2016 年 2 月 26 日一则题为“你认为人性最大的恶是什么？”的回答，将百度搜索和百度推广推上风口浪尖。

魏则西的回答在其去世后，引发了网络热议，“魏则西回答帖”“魏则西去世消息”和“百度搜索滑膜肉瘤排名第一的是武警北京总队第二医院”的截图在网络疯传，网友在转载评论中称：要百度给合理说法。

2016 年 5 月 9 日晚间，“魏则西事件”终于有了一个初步结果。由国家网络信息管理办公室、国家工商总局、国家卫生计生委联合成立的调查组，正式公布了调查结果，对百度提出三大类、多项整改要求。百度随即回应，提出从六个方面全面落实。李彦宏还发了内部信，提醒百度人“勿忘初心，不负梦想”。

作为互联网巨头之一的百度，在业务的发展中如果不注重对于法律风险、商业模式、市场反应、社会伦理的论证，更没有对自身做一个系统的梳理与反思，只重视眼前苟且的利益，注定是无法走得太远。

魏则西事件后，百度对电脑端的商业广告做了重大调整，比如：一是百度沿用了 10 来年的“推广”字样变成了“商业推广”；二是百度左侧页面仅展示 4 条商业广告；三是百度右侧的所有商业广告全部下线；四是百度创意里，百度口碑好评出现比例增多；鼠标移动到 V 的位置出现一个“商家承诺”和“百度先行赔付”的功能等等，百度这一重大调整，广告位砍掉 50%，必然会使广告主核心推广词的费用倍增。广告主要提升广告效应，加紧拓展长尾精准词才是出路。

此外，新的广告法规重新出台，强调了几点：

一、广告应当显著标明“广告”。这就意味着不能再容许广告内容化误导消费者；

二、在互联网页面以弹出等形式发布的广告，应当显著标明关闭标志，确保一键关闭。新广告法要求利用互联网发布、发送广告，不得影响用户正常使用网络。在互联网页面以弹出等形式发布的广告，应当显著标明关闭标志，确保一键关闭。

三、提示风险。百度搜索事件还尚未平息，在各大搜索平台上，输入“药品”“考研”“手机”等词汇，内容下面均出现“商业推广”的字样，点开则是“本搜索结果为商业推广信息，请注意可能的风险”。不标注“广告”二字，就要承担一定的法律责任。

国家工商总局近日发布《互联网广告管理暂行办法》，于2016年9月1日起施行。《办法》明确规定互联网广告是指通过网站、网页、互联网应用程序等互联网媒介，以文字、图片、音频、视频或者其他形式，直接或者间接地推销商品或者服务的商业广告。

不过，据2018年4月《南方都市报》披露魏则西事件后，百度竞价排名医疗广告转战手机端，比如用百度搜索疾病，电脑端干净，手机端前几名全是医疗广告；用大数据与人工智能精准锁定搜索者，提高所谓“转化率”……这种瞒天过海的方式同样触碰了道德的底线，受到舆论的抨击。百度广告应该如何才能消除商业隐患，这是值得反思的问题。

近年来，我国互联网广告发展很快，但是在这个行业中，虚假广告、违法广告、隐性广告、侵犯隐私权等问题频发。此前，由于对互联网广告形式和广告主、广告经营者、发布者的责任没有明确认定，造成了一些问题。

新广告法所称的“互联网广告”，是指通过网站、网页、互联网应用程序等互联网媒介，以文字、图片、音频、视频或者其他形式，直接或者间接地推销商品或者服务的商业广告。也就是说，微信、QQ、App 等客户端推送的商业广告也属于互联网广告。

《互联网广告管理暂行办法》的出台，加强对新媒体领域广告和付费搜索的监管力度。我国广告法规定，发布医疗、药品、医疗器械、农药、兽药和保健食品广告，应当在发布前由有关部门对广告内容进行审查，未经审查，不得发布。

这规定同样适用于互联网广告，提醒运营者在发布广告的时候多加小心，一不小心就有可能触犯相关法规，万一好不容易运营起来的新媒体或者平台因为广告违规导致了关闭，这不是自毁武功吗?

因此，除了广告需要有道德良知，还需要避免陷入伦理道德的非议，运营的其他环节亦然。

雷区 4：追热点时谨防“人血馒头”

蹭热点吃“人血馒头”的案例在新闻行当颇多，远的是 2005 年俄罗斯人质事件中死亡多少人有奖竞猜。

近的是空姐乘坐顺风车遇害，这是一出说起来谁都心里难过的悲剧。但不少自媒体却借此饱餐“人血馒头”。

随着新媒体“蹭热点”事件的愈发普遍化，很多媒体人为了点击率而不顾道德良知，津津有味地吃着一个又一个的“人血馒头”，不以为耻，反以为荣。但是，通过这种方式赚来的点击率，并不能为你的媒体赢得更多粉丝，相反只会加剧民众对你的厌恶，最终导致账户被封、网站关停。

那么，什么是追热点的正确姿势？

1. 不要猎奇式围观，要思辨式参与

我们正处在一个贫富差距悬殊，阶级共识割裂的物欲年代。公众原则缺失、内省缺失、社会批评家缺失，社会中，矛盾处处可见。如果一味为了眼球与流量而“带节奏”，难免陷入低级趣味或弄虚作假的误区。

2. 从公众监督到责任共同体意识

“热点事件”也是我们行使“公众监督权”以及履行“公众监督义务”的绝佳契机。比如顺风车空姐遇害事件，也有不少自媒体发出了有价值的正面声音。

附 录

案例：为某公司部署新媒体运营矩阵

某一年，笔者机缘巧合为一家医疗公司做品牌运营策略，因为是新品牌所以提出了“新媒体”运营矩阵布局的方案，还做了一份网络推广方案《“××公司”网络运营推广合作方案》，得了公司董事长的首肯，运营一段时间，其效果比较显著，也就是说，新媒体矩阵运营布局的思路是清晰的，运营方案也是可行的。

作为全国一家高端的医疗科技公司，该公司的业务涉足海外高端辅助生殖、海外高端医美等行业。这几个行业的市场数以千亿计算，高端品牌尚未形成，笔者估计这正是品牌重建和运营的良机。

从传播环境来看，众所周知，目前全球步入移动互联网时代，互联网日新月异，大量崭新的媒介平台不断涌现，受众阅读碎片化趋势加强，人们的注意力日益分散，给各行各业的运营带来了挑战和机遇。

从网络运营的角度来说，百度等搜索巨头由于政策原因放弃了医疗竞价排名的业务，业务必然受到冲击，坐等客户的模式已经失效，但是这也为行业公司在互联网自我运营方面提供了绝佳的机会。

鉴于目前移动互联网环境，立足于公司现状，从战略高度来为公司制定了3年的战略运营发展规划大纲，重点在于新媒体生态布局。

1. 明确运营总体方向与阶段目标

运营总体方向，坚持公司的核心价值观和服务理念，大力拓展曝光量、知名度和影响力，建立高端的形象口碑，追求良性的品牌效应，用心为客户竭诚服务，不断地占据市场份额，逐渐成为行业龙头。

从短中期目标看，通过有效运营将××品牌大规模地曝光，建立良好的口碑传播，形成优质的品牌效应；强化高端辅助生殖、高端医美市场的品牌认知，增加公司的认知度和知名度；提升网页访问量和咨询量，促成业务成交率，实现可观的利润回报。

从长期目标来看，建立高端辅助生殖、高端医美市场的高端口碑，打造全国一流的高端辅助生殖、高端医美平台，建立专业、高端和权威的生殖辅助系统，实现利润最大化效益，占据压倒性的市场优势。

根据行业情况、传播环境和公司情况，从实际出发，人员配备完善后，立足于保守态度勇创优质业绩，暂设定运营的业绩目标：

时间	年度成交目标（例）	盈利目标（元）	毛利率目标（%）	净利润目标（元）
第一年	170 例	1500 万	45%	675 万
第二年	300 例	3500 万	45%	1575 万
第三年	600 例	6500 万	45%	2925 万

2. 明确公司战略与实施目标

公司战略实施事关公司生死存亡的关键步骤，必须坚持基本原则，以及加强风险规避。因此必须做到：

（1）坚持适度合理性、统一领导、统一指挥和权变的原则

由于经营目标和企业经营战略的制定过程中，受到信息、决策时限以及认识能力等因素的限制，对未来的预测不可能很准确，战略的实施过程不是一个简单机械的执行过程，而是需要执行人员大胆创造，大量革新，对战略的创造过程。在战略实施中，战略的某些内容或特征有可能改变，但不要妨碍总体目标及战略的实现。

（2）避免战略实施中的普遍问题

如实施过程比计划花费更多的时间；许多无法预测的因素影响；战略实施产生无效协调；竞争压力和经济危机让公司转移了战略实施的注意力；履行战略者没有足够能力胜任他们的工作；低水平的雇员没有足够的培训；无法掌控外界环境因素

到来的问题；部门经理领导力不足；关键的实施任务定义不清晰；实施过程中的监督系统不完善。

（3）以大局为重

除了上述所提，还需要避免公司各方利益主体纠葛，加强公司上下团结一心，目标一致，以大局为重。无论是利益、资源、信息和执行上，以制度推动公司良性运作，尽量避免公司内耗，实现整体健康运行。

3. 从品牌战略、运营战略、企业文化战略、人力资源战略和财务战略五大方面进行详细的阐述

（1）品牌战略

根据品牌导入期、成长期、成熟期等阶段特征，制定与实施相应的品牌策略，加强市场运营、网络推广、品牌公关、活动策划等领域联动，建立完善市场部工作流程以及制度规范，制定市场推广费用预算、控制以及完善激励考核制度，朝着目标迈进。

品牌导入期

把握“××”的核心价值与定位，尽快建立媒体事业部（含品牌公关部门），其中职责功能负责品牌构建和推广，制定对应的媒介策略与年度计划，建立与维护媒体公共关系；制定品牌标识、口号，终端形象设计，品牌拟人化，讲好品牌故事；通过新媒体运营，社会化媒体运营、网络推广、线上线下活动策划，密切结合新兴媒体运营的传播形式，推动投放计划与创意策略落地；策划和开拓有创造性的传播渠道和手段，加强互动与曝光；从而大规模曝光“××”品牌，监控负面舆情，广泛地提升知名度，赢得受众的关注和咨询。

时限：12 个月

预算经费：不超过 70 万

预算用途：品牌合作运营、媒体邀请、媒体渠道购买、活动策划经费、软文推广费用和机动费用等。

品牌成长期

在良好品牌的基础上，不断地通过强化品牌传播，加大整合运营传播力度，巩固大众对“××”品牌的认知，维护良好的口碑，获得社会的认同与信赖，让受众将“××”等同于高端辅助生殖、高端医美的权威和专业服务机构，建立行业话语权，树立良好的行业口碑，建立良好的品牌效应。

时限：18 个月

预算经费：不超过 100 万

预算用途：品牌合作运营、媒体邀请、媒体渠道购买、活动策划经费、软文推广费用和机动费用等。

品牌成熟期

在原来的品牌基础上，系统制定与实施 IP 品牌运营战略实施，启动跨界品牌运营，挖掘品牌内涵发展，增加广告投放维持曝光度和知名度，维护良好的形象和口碑，提升公司的整体形象，品牌价值塑造，提高品牌价值。

时限：18 个月

预算经费：不超过 100 万

预算用途：品牌合作运营、媒体邀请、媒体渠道购买、活动策划经费、软文推广费用和机动费用等。

（2）运营战略

明确运营目标，以网上为主、线下为辅，建立“××”新媒体矩阵，加强内容运营和网络推广，创新运营方式和手段，提高曝光量和知名度，大力开拓运营空间。

运营方向

·建立“××”新媒体矩阵，建立强大的新媒体平台，如音频平台、视频平台、新媒体平台等，构建强大的社会化运营平台矩阵；需要（注册）开通的新媒体矩阵 ID 如下：

平台分类	平台范例	备注
新媒体平台	微信、微博	“两微”风口已过，但最基础的新媒体平台需要自拥
新媒体平台	公众号、头条号、百家号、企鹅号、网易号、一点号、UC 号、搜狐号	根据新媒体平台的大小，尽量开通新媒体平台，目的是构建新媒体矩阵，便于内容运营
写作平台	简书、豆瓣、纵横中文网、红袖添香、起点中文网	目的是通过各种内容方式推广和曝光公司品牌和行业
问答平台	知乎、百度知道、头条问答、新浪问答、雅虎问答、微博问答、分答、得到、医疗问答平台	随着知识电商趋势加强，问答平台异军崛起，尤其在医疗行业更是重要的运营平台

平台分类	平台范例	备注
视频平台	优酷土豆、腾讯视频、56网、爱奇艺、AB站、今日头条、大鱼号、第一视频、爆米花视频	根据数据显示，网友用视频的时长超过图文，因此视频运营必然不可忽视
音频平台	荔枝FM、考拉FM、喜马拉雅FM、蜻蜓FM、多听FM	目前收听网络电台的总人数有5亿人，占据头部音频平台，实践听觉运营成为热点
短视频平台	火山、快手、秒拍、美拍、QQ空间、抖音、小影、小伽秀和暴风短视频、微博短视频等	平台、内容和发展现状详情点击百度了解：《人均每天打开快手24次，短视频成内容消费主力》
直播平台	目前有200余家，排行前20个直播平台，比如花椒、映客、虎牙、熊猫、斗鱼、YY和脉脉等等。	直播平台开通账号，将来直播论坛内容、直播电脑电影，开着就会有人浏览，即使没有粉丝，一个平台一个小时内会有上千人随机浏览，同时开启，有利于增大曝光量
众筹平台	如京东众筹、众筹网、淘宝众筹	主要进行众筹运营。当前中国众筹平台有200多家，行业前三为京东众筹、众筹网、淘宝众筹。策划与开通众筹项目，可以有效地曝光公司与品牌，至少一年保持几百万曝光量

平台分类	平台范例	备注
微信大平台（重要）	除了火爆的“朋友圈”“附近的人”“表情”，还有微信新版出现了集合今日头条、百度搜索等功能的“小程序”“搜一搜”“看一看”等功能，将会成为下一个场景搜索最广泛的入口，“试管婴儿”等即刻搜索程序，已经有医疗机构开通平台。“附近的人”是重要的广告橱窗，以及社群人流的集散地，也是官网流量的重要窗口；“小程序”，小程序是下一波的场景应用软件，类似于当年的微博与微信。目前小程序已经支持模糊搜索，并且有做“××”机构在开通，所以必须抓紧时间开通抢占关键词，并链接官网，做好运营策略和内容安排	
其他平台	通过弹幕运营、生活社交平台；各类征集网、招聘网站等辅助运营	

·着力于网站SEO优化、新媒体运营、社会化媒体运营，广泛开通传播渠道，通过大量有创意且高质量的内容流量导流。

·结合当前流行的运营模式，顺应运营风口审时度势，有计划地开展新闻运营、社群运营、活动运营、线下运营、创意运营、口碑运营、事件运营、新媒体运营、音视频运营、论坛运营等（前期侧重执行新媒体运营、内容运营、线下论坛运营、新闻运营和活动运营）。

·加强线下活动的传播与推广，建立有效的客户关系；提升客服沟通与服务的能力。

· 此外加强与其他相关机构的联系，加强合作。

运营目标成果（3 年）

类别		数据计划			备注
		第一年	第二年	第三年	
微信粉丝人数		2 万	5 万	10 万	由于“两微”风口已过，增粉困难，基础平台的增粉计划保守，但合乎客观实际的。
微博粉丝人数		20 万	30 万	50 万	
社群数量	微信群	50 个	80 个	100 个	社群运营正是风口，需要给力构建，多多益善，根据运营人手而定
	QQ 群	50 个	80 个	100 个	
视频数量（N 个平台）		120 个 *N	120 个 *N	120 个 *N	视频运营是风口，必须策划内容运营，N 个平台内容可以相同的视频内容
音频数量		120 个 *N	120 个 *N	120 个 *N	音频运营是风口，策划优质内容
软文数量		200 篇	250 篇	300 篇	软文是传统网络运营方式，但是需要在内容和形式上创新，才会有好的传播效果。
新媒体内容数量（N 个平台）		150*N	150*N	150*N	构建新媒体矩阵正当其时，新媒体平台越多，内容越丰富，越容易吸粉
新媒体粉丝数（N 个平台）		1 万 *N	2 万 *N	3 万 *N	平台越多，内容越好，累计的粉丝越多，口碑效果越好
新媒体平台访问量（N 个平台）		50 万 *N	80 万 *N	100 万 *N	访问量越多，运营效果越好

类别		数据计划			备注
		第一年	第二年	第三年	
新闻运营数量		5次	5次	5次	如果权威专业和正规的新闻运营成本较高，新闻策划点元素要足够才能起到良好效果，因此重在策划质量而不在于数量。
线下运营活动数		12次	12次	12次	含公众论坛，每月一次，可以促销，可以将论坛内容当作独家内容传播。
线上运营活动数量		50次	50次	50次	粉丝有一定量后，通过新媒体平台策划有意义有传播力的活动，提升传播效果。
网站访问量	IP	待定	待定	待定	根据公司决策层和网站运营人员的意见后定。
	PV	待定	待定	待定	
	UV	待定	待定	待定	
建立机构合作数量		50家	100家	150家	沟通合作
客户咨询量		17500	35000	70000	目标保守，但努力打破目标刷新纪录
客户成交量		170	300	600	目标保守，但努力打破目标刷新纪录
总覆盖人群		> 8000万/人次	> 1.2万/人次	> 2亿/人次	这是有效的保守的预估数据，但实际上远远不止此数据

（3）人力资源战略

一是完善各部门，如媒体事业部、销售部、行政部和财务部，建立执行力强高效的销售团队和客服团队。

二是完善各部门晋升机制，福利待遇，提升员工价值。

三是贮备人才做好人才梯队的培养和建设。

四是尽快挖掘、招募和培养出能力卓绝的新媒体文案创意人才和新颖运营人才。

五是建立优胜劣汰的末位淘汰机制，留住人才。

六是不断提升员工的满意度、幸福感，提高个人价值认同。

七是健全公司薪酬制度和福利保障体系，科学用人育人。

八是完善公司组织架构，科学分工和岗位职责，权责明确，高效协作。

（4）财务战略

暂无投资、融资战略，主要侧重于财务管理，从战略高度着眼，留足推广成本，控制运营成本，降低财务消耗；定期对财务分析与体检，严出宽进，积极将财务风险降低到最低，尽早实现收支平衡，尽快缩短由收支平衡迅速进入高速盈利阶段，争取以最少的成本获取最大的产出。

4. 确定运营预算与成本控制

公司运营需要成本，因此在运营过程中，把控运营总体预算和成本控制，在保证公司良性发展和业务不断增加的基础上，坚持硬成本缓慢提高、软成本迅速降低的方向，实现公司最大利润化。因此，运营的成本预算与成本控制如下：

成本	预算（月）	内容	成本控制(年)	备注
办公成本	略	如房租、物业费、水费、电话费、网络费、办公耗材等	略	严格控制成本支出。 硬支出每年控制低于10%的速度增加； 软支出，每年控制高于10%的速度减低
人力成本	略	人工工资、社保支出、兼职工资		
推广成本	略	如渠道购买、推广合作等	略	
机动成本	略	如稿费，软文费、差旅费、活动费，团建费、公关费用等		
总成本	略			

5. 战略控制

战略控制的目的是在公司经营战略实施的过程中，适时监控、检查企业为达到目标所进行各项活动的进展情况，评价公司战略实施的企业绩效，矫正战略差距，分析偏差原因，使目标与企业所处的环境协调一致，维持公司正常运作，实现利润最大化。

事前控制：动员决心，结合公司3年的总体目标和要求，制定各部门的详细实施计划，公司主要负责人批准执行，并且作为各部门重要的绩效标准。

事后控制：战略实施后，将实施结果与原计划标准对比，总结并且汇报，采取纠正措施。

过程控制：在实施过程中，随时采取控制措施，纠正实施的偏差，引导公司沿着战略方向进行经营。

综上所述，鉴于客观的行业情况、广告困境和公司现状，除了牢牢把握公司核心理念、企业文化战略、人力资源战略和财务战略外，如果要攻城略地，快速崛起，打造行业的龙头，核心工作重点在于运营，因此必须大力把握主线，顺应网络大潮，革新运营观念，实践新兴传播方式，落实品牌战略和运营战略，因此总结如下：

积极构建高端品牌，启动新媒体布局运作、网络推广、线下运营和创新运营四大联动新模式，简而言之，即开展新媒体矩阵运营、跨界运营、新媒体创意运营、SEO 深度优化、社会化媒体内容运营、整合社群运营和辅助新型创意运营，相互结合，相得益彰。

从实践中来，到实践中去，大胆探索实践，最终根据运行的数据与效果做出符合战略方向的调整，绕过那些不易察觉的新媒体运营暗坑，推动公司效益最大化。